날아라 칸트

어린이 서양철학 2

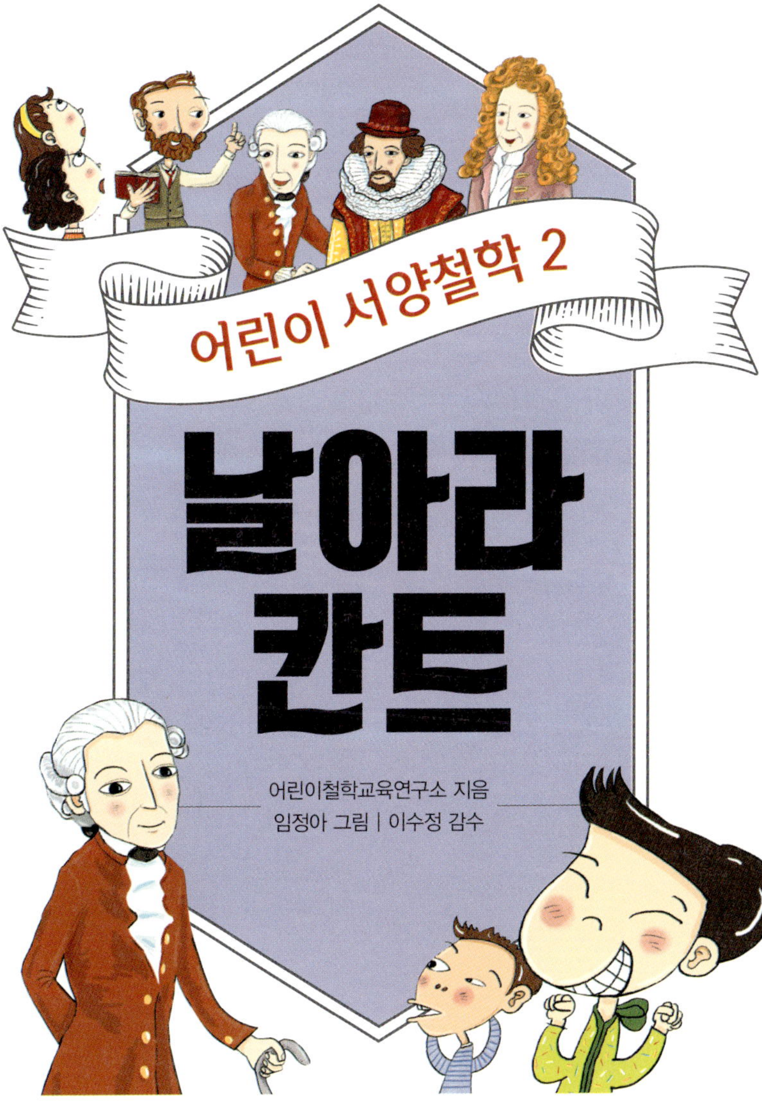

어린이 서양철학 2

날아라 칸트

어린이철학교육연구소 지음
임정아 그림 | 이수정 감수

 | 머리말 |

서양철학의 벽을 넘어서

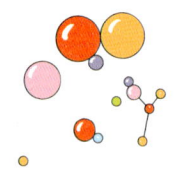

　서양인들의 보물 제1호는 그들이 수천 년 동안 갈고 닦은 지혜가 들어 있는 서양철학사입니다. 서양에 대해 배울 것이 많지만 그중에서도 그들이 앞서 발전시킨 철학의 역사는 반드시 정복해야 할 높은 봉우리임에 틀림없습니다. 세계가 활짝 열려 가고 있는 세계화 시대의 주역이 되기 위해서 반드시 넘어야 할 산이 바로 서양철학사라고 생각됩니다. 하지만 오랫동안 큰 벽이 가로막고 있어서 어린이나 청소년들은 서양철학에 접근하기가 힘들었습니다. 난해한 개념들과 이론의 복잡함 때문에 대학생들조차 이해하기 힘든 것이 서양철학사입니다. 말이 쉽지, 이론을 정확하게 살리면서 어린이나 청소년들이 이해할 수 있는 서양철학사를 쓰는 일은 아무나 할 수 있는 일이 아닙니다. 이미 몇 가지 책들이 나오기도 했지만 여러 가지 아쉬운 점이 있는 것도 사실입니다.

　어린이철학교육연구소는 20여 년 전부터 어린이와 청소년들의 철학교육을 위해 다양한 노력을 기울여 왔습니다. 특히 철학적 사고력을 키워 줄 수 있는 철학동화의 집필과 번역에서 괄목할 만한 성과를 보여 주었습니다. 그런 가운데 서양철학사의 진수를 우리 어린이들의 언어와 경험을 통해 제대로 알려야겠다는 염원을 오랫동안 품어 왔습니다. 이를 위해서는 서양철학사 자체에 대한 투철한 이해와 더불어, 이를 우리 어린이들이 이해할 수 있는 언어와 경험으로 옮기는 노력이 필요합니다. 물론 이런 일은 서양철학사를 단순히 어린이가 이해할 수 있는 말로 바꾼다고 되는 것은 아닙니다. 어린이들의 철학적 사고능력

을 확인하고 어린이들의 철학적 성향을 가늠할 수 있어야 가능한 일입니다.

　본 연구소에서는 어린이들과 함께 소크라테스식 대화와 토론을 통해 철학적 탐구를 해 오면서 얻은 확신이 있습니다. 어린이들은 누구보다 철학적인 궁금증을 많이 가지고 있으며, 끈질기게 캐묻고 따지는 철학적인 성향을 지니고 있다는 것, 또래 친구들과 언쟁을 하고 반성도 하며 자신의 생각을 가다듬어 나간다는 것, 그리고 서양철학사는 다름 아닌 어린이들도 즐겨하는 언쟁과 반박, 즉 생각에 대한 생각의 역사이기에 어린이들도 능히 공감할 수 있는 내용과 의미를 간직하고 있다는 것을 말입니다. 이런 저런 난해한 개념들을 걷어 치우고 핵심적인 생각을 있는 그대로 어린이들에게 전달하는 방식으로 이 책은 쓰였습니다.

　어린이들의 머리뿐 아니라 가슴을 향해 써 내려간 이 책들이 그들의 삶에 큰 빛을 던질 것을 기대합니다. 끝으로 바쁜 가운데에도 공을 들여 이 책의 내용을 일일이 감수해 주신 이수정 교수님과 집필에 참여한 이은주, 황혜영 두 후배님께 큰 고마움을 전합니다. 아울러 이 책을 펴냄에 있어 각별한 관심과 노력을 아끼지 않은 해냄출판사 여러분에게도 감사드립니다.

어린이철학교육연구소
소장 박민규

차례

1. 기독교의 품에 안긴 중세의 철학

아우구스티누스
하느님의 나라와 지상의 나라 · 010

토마스 아퀴나스
그러므로 신은 존재한다 · 020

 박사님과 함께 · 036

2. 경험의 깃발 올린 영국의 근세 철학

베이컨
아는 것이 힘이다 · 044

로크
모든 관념은 경험에서 온다 · 059

흄
경험을 빼고는 믿을 바가 없다 · 070

 박사님과 함께 · 076

3. 이성을 중시하는 대륙의 근세 철학

데카르트
나는 생각한다 그러므로 나는 존재한다 · 082

스피노자
하느님=자연 · 099

라이프니츠
세계의 기초는 단자 · 117

칸트1
올바른 앎은 어떻게 생기나 · 131

칸트2
경험과 이성의 종합 · 142

박사님과 함께 · 162

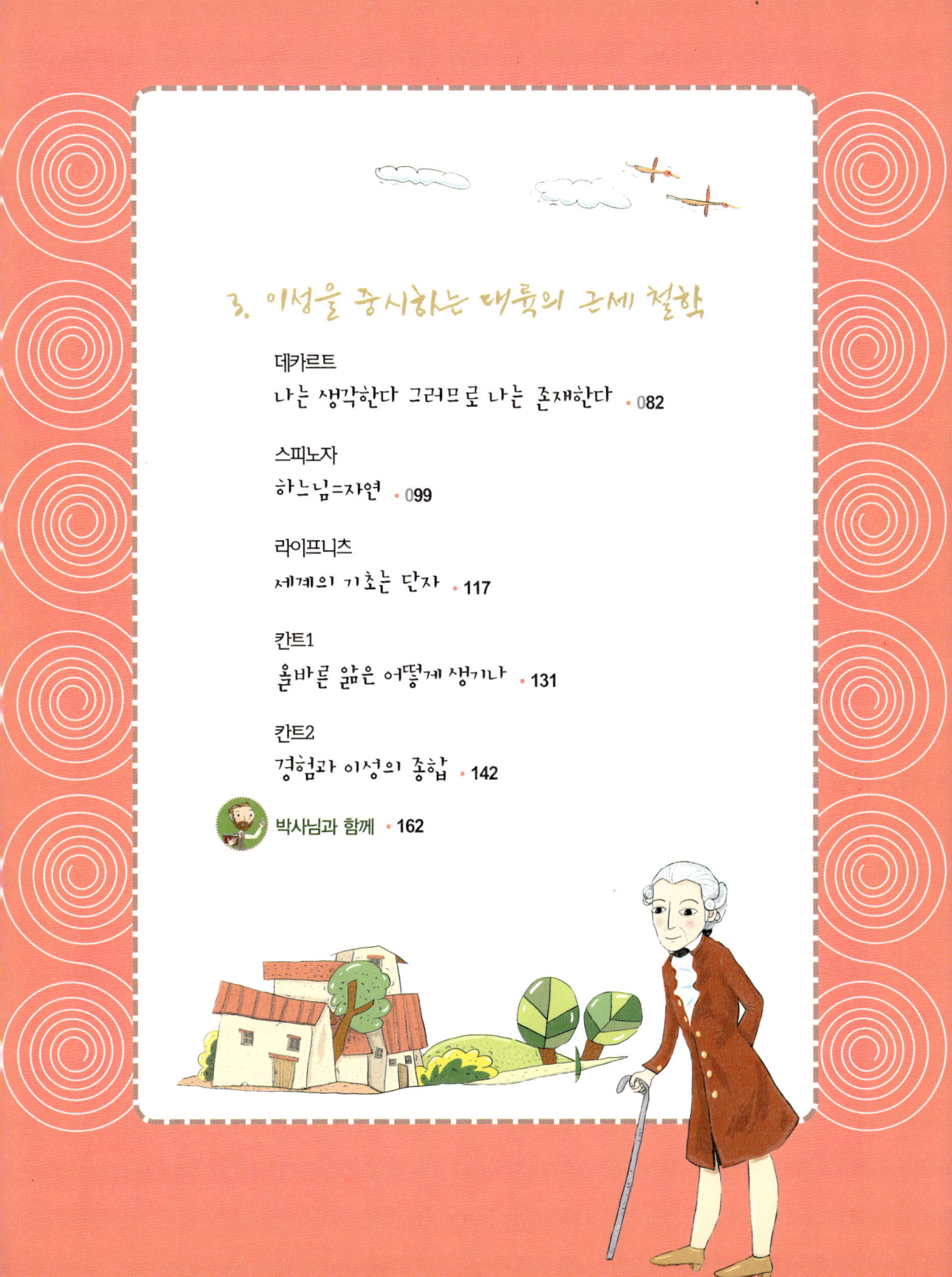

chapter 1

아우구스티누스   토마스 아퀴나스

기독교의 품에 안긴 중세의 철학

아우구스티누스
하느님의 나라와 지상의 나라

"쳇! 알았어, 알았다고."

노마는 탁! 전화를 끊고서 속상한 표정으로 씩씩거렸다.

"왜 그래, 노마야?"

삼촌이 물었다.

"글쎄 이번 일요일날 친구들이랑 다 같이 박물관에 구경가기로 했는데 요한이가 빠지겠다잖아요."

"왜?"

"교회에 가야 한대요. 걔 때문에 일요일엔 뭘 할 수가 없어요."

"기독교 신자들은 일요일에 예배를 드리니까 어쩔 수 없지. 네가 이해해 주렴."

"삼촌, 그런데 기독교는 도대체 뭘 하는 거죠? 믿으면 죽어서 천당 간다고들 하는데 뭘 믿는 거예요?"

"하느님과 하느님의 말씀을 믿는 것이지."

"믿는다는 게 어떻게 하는 건데요?"

"교회에 나가서 아멘! 하는 거야."

옆에서 기오가 불쑥 끼어들었다.

"하하하, 그렇게 단순한 게 아니란다. 기독교에서 믿음은 하느님과 하느님의 말씀을 진리로 받아들이는 것이지."

노마의 궁금증

교부

교부는 기독교 초기에 신학의 기초를 세운 사람들을 일컫는 말입니다. 교부들은 당시 로마 제국의 핍박을 받으면서도 기독교를 변호하고 선교하기 위해서 노력했지요. 교부라는 호칭은 그리스어이자 라틴어인 파테르(아버지)에서 유래됐습니다. 그들이 쓴 여러 책들은 후대의 기독교인들에게 문제가 되는 신앙의 판정 기준이 되기도 했습니다. 그들은 신앙을 변호하기 위해 철학의 형식을 빌렸는데 이를 '교부 철학'이라고 합니다. 교부 시대는 2세기부터 8세기까지 이어졌고 그 뒤를 이어 스콜라 철학이 나타납니다.

"진리라고요?"

"그래."

"진리는 철학에서 나온 거잖아요. 그리고 기독교는 종교인데요? 기독교도 철학과 무슨 관계가 있나요?"

노마가 흥미진진한 듯 물었다.

"그럼 있다마다. 기독교가 로마의 종교로 인정받고 나서 약 천 년 동안 철학은 기독교를 뒷받침하는 데 온 정성을 다 쏟았단다."

"천 년씩이나요?"

기오의 두 눈이 동그래졌다.

"그래, 심지어 '철학은 신학의 시녀'라는 말까지 나오게 되었지."

"진짜 그런 말이 나올 정도였어요? 그럼 철학은 어떻게 기독교를 뒷받침했는데요?"

노마가 물었다.

"그건 말이야, 기독교의 가르침 중에는 얼핏 보기에 불합리해 보이는 내용들도 있는데, 그런 걸 철학적인 방법으로 합리적인 설명을 해 주려고 애썼던 거야."

"꼭 설명해 줘야 믿나요? 뭐."

기오가 말했다.

"물론, 테르툴리아누스처럼 '불합리하기 때문에 나는 믿는다'라고 말한 사람도 있긴 하지만, 사람이란 이성을 가지고 있으니까 납득할 만한 설명을 기대하는 경향을 무시할 순 없단다. 그래서 초창기엔 해석상의 혼란도 있었고, 이단적인 해석에 대해 기독교의 정통 교리를 세우려는 이론가들이 나오게 되었지."

"어떤 사람들이 있었나요?"

"교부라고 불린 여러 사람들이 있었는데, 그중에서도 아우구스티누스가 가장 유명하단다."

노마의 궁금증

아우구스티누스

아우구스티누스(어거스틴)는 로마 제국 시대 말기에 청년 시절을 보내며 방탕한 생활을 했지만 그 어머니 모니카의 30년에 걸친 기도 끝에 회심하고 신앙을 갖게 되었습니다. 그는 밀라노의 대주교였던 암브로시우스를 만나 깊은 감명을 받고 세례를 받아 그 뒤부터는 신앙에 자신의 삶을 바치기로 결심합니다. 그리고 고향에 돌아가서 수도원을 세워 수도 생활을 하다가 북아프리카 지중해 연안 도시 히포의 대주교로 임명받아 죽을 때까지 봉사했습니다. 117권의 책을 썼으며 히포의 성자, 아우구스티누스로 불리기도 하지요.

방탕아였던 성자

마법의 철학책을 펼쳐 보니 아우구스티누스의 이름이 분명히 적혀 있었다. 노마는 요한이를 뺀 나머지 친구들과 박물관을 다녀와서 곧장 아우구스티누스를 찾아가기로 했다.

'이번엔 요한이도 꼭 데려가야지……'

"필로소피아! 알레테이아!"

"아멘!"

동민이가 두 손을 모으고 중얼거렸다.

아우구스티누스와 어머니 모니카, 1755, 아리 쉐퍼, 루브르 박물관

"또 까부는구나. 너 그러다가 혼난다!"

"이크, 그럼 안 되지. 용서해 주옵소서, 라멘."

요한이가 동민이의 머리를 콩 쥐어박았다.

곧 눈앞에 신비로운 풍경이 펼쳐졌다. 그곳은 마치 하늘나라 같았다. 그림에서나 보던 아기 천사들이 마중을 나와 날갯짓을 하며 아이들을 안내했다. 구름 같은 땅 위를 걸어가는 동안 요한이는 신기한 듯 여기저기를 둘러봤다.

방금 전까지 까불던 동민이도 완전히 분위기에 눌려서 점잖아져 있었다. 저만치 커다란 교회 같은 건물이 나타나고 그 입구에서 한 점잖은 분이 걸어나와 아이들을 맞아 주었다. 그분의 머리 위에는 그림에서나 보던 동그라미가 떠 있어서 신비한 빛을 내고 있었다.

"주여, 이 아이들에게 축복을 내리소서. 얘들아 잘 왔다. 나는 아우구스티누스라고 한단다."

그렇게 말하는 그분의 눈빛은 자애로움으로 가득 차 있었다. 아우구스티누스의 안내로 교회를 둘러보면서 노마가 물었다.

"그런데 아저씨는 어떻게 해서 이렇게 성자가 되셨나요?"

"그건 오직 하느님의 은총 때문이지."

동민이가 확신에 찬 말투로 말했다.

"아저씨 같은 분은 나쁜 짓 같은 건 한 번도 하신 적이 없으시겠죠?"

"그런 건 아니란다. 난 오히려 하느님의 은총을 받기 전에는 형편없는 방탕아였단다."

요한이도 놀라서 말했다.

아프리카 카르타고, 아우구스티누스는 이곳에서 수사학을 배웠다

"네? 믿어지지 않아요."
"지금 생각하면 부끄러운 일이지만, 난 싸움질도 했고 거짓말도 했고 심지어는 도둑질을 한 적도 있었단다."
"정말이에요?"
나리도 믿을 수 없다는 표정이었다. 아우구스티누스는 슬쩍 미소를 지었다. 그 미소에서 방탕아의 눈빛은 흔적도 없었다.
"그래, 그밖에도 나는 방탕한 짓들을 많이 했지."
노마가 알았다는 듯 외쳤다.
"그럼 스스로 반성을 하신 건가요?"
"신앙심이 깊었던 내 어머니께서 나를 위해 많이 기도해 주셨단다. 하지만 내가 회개하게 된 것은 결국 하느님께서 은총으로 내 죄를

용서해 주셨기 때문이야."
동민이는 평소 궁금했던 질문이 떠올랐다.
"그런데 하느님은 도대체 어떤 분이신가요?"
"그분은 이 세상을 비롯하여 만물을 창조하신 주님이시지."
노마도 진지한 질문 하나를 꺼냈다.
"왜 창조를 하셨는데요?"
"그건 카리타스, 즉 하느님의 선의이자 사랑이란다."
"그런데 도대체 뭘로 이 세상을 만드신 거예요?"
"창조 이전에 어떤 재료가 있었던 건 아니란다. 하느님께서는 아무것도 없는 무에서 모든 것을 창조하신 거야."

잠자코 있던 요한이가 입을 열었다.
"우리 인간들도 하느님께서 창조하신 거죠?"
"그럼."
"그런데 인류의 조상인 아담과 이브는 하느님의 뜻을

거역했어요. 그렇죠?"

"그렇단다. 하느님께서는 인간에게 의지의 자유를 부여하셨는데 인간들이 그걸 잘못 써서 죄를 지어 타락하게 되었지. 그걸 원죄라고 한단다. 그 원죄 때문에 인간은 하느님의 저주를 받았어."

요한이가 자신 있는 목소리로 말했다.

"우리도 그걸 물려받게 된 거죠?"

"불행하게도 그렇지."

나리가 걱정스러운 표정으로 물었다.

"그럼 우리도 죄인인 거죠? 어떻게 해야 되나요?"

아우구스티누스가 상냥한 음성으로 대답했다.

"하지만 하느님은 사랑으로 인간을 구원해 주신단다."

"누구나 다요?"

"그건 아니야. 하느님은 구원해 줄 인간을 미리 선택해서 예정해 놓으셨단다."

동민이가 볼멘 소리를 했다.

"그건 불공평하잖아요?"

"인간이 어떻게 하느님의 깊은 뜻을 다 헤아리겠니? 그리고 인간에게는 하느님께 따질 권리가 없어. 만들어진 책상이 만든 목수에

노마의 궁금증

아우구스티누스의 꿈

어느 날 아우구스티누스는 바닷가에서 모래 구덩이에 조가비로 바닷물을 떠 넣고 있는 소녀를 만났습니다. 소녀는 바닷물을 모래 구덩이에 다 담을 기세였습니다. 아우구스티누스가 "얘야, 저 바닷물을 어떻게 이 모래 구덩이에 담을 수 있겠니?"라며 말리자 소녀는 대답합니다. "저 바다보다 넓은 하느님의 생각을 조가비보다 작은 아저씨의 생각으로 모래 구덩이 같은 아저씨의 머릿속에 담는 일이 더 어려울 거예요"

그리고 아우구스티누스는 꿈에서 깨어납니다. 그 뒤로 아우구스티누스는 하느님의 뜻에 복종하고자 하는 겸손한 신앙인으로 살게 되었답니다.

게 자기 다리가 짧다고 따질 수 없는 것과 마찬가지지."

요한이는 삐친 동민이는 아랑곳하지 않고 물었다.

"그런데 교회는 왜 있어요?"

"교회는 인간을 하느님과 연결시켜 주는 역할을 한단다."

노마도 궁금한 것을 참을 수 없어서 동민이를 보고 이야기하고 있던 아우구스티누스의 옷자락을 잡아당겼다.

"그런데 하느님이 사랑으로 모든 것을 창조하셨다면 모든 것이 선해야 할 텐데 이 세상엔 왜 악이 있죠?"

나리가 맞장구를 쳤다.

"맞아요. 그건 정말 이해할 수 없어요."

"그건 말이다. 악이 선과 똑같은 자격으로 선과 대결하고 있다고 잘못 믿기 때문에 생기는 오해란다."

"그럼 아니란 말씀인가요?"

"그래. 악이란 선의 결핍일 뿐이지. 어둠이 곧 빛의 결핍일 뿐인 것과 마찬가지야. 빛인 하느님에게서 멀어진 것이 곧 악인 셈이야."

요한이가 덧붙였다.

"그래서 선이 악을 이기게 돼요, 그렇죠?"

"그래. 이 세상에서는 선을 상징하는 하느님의 나라와 악을 상징하는 지상의 나라가 싸우고 있는 셈이기도 하지. 역사의 과정이 모두 그런 것이야. 그 속에는 하느님의 섭리가 숨어 있단다. 맨 마지막에는 결국 악이 영원한 벌을 받고, 선이 영원한 복을 받아 끝나게 되지."

아우구스티누스 아저씨는 계속해서 진지한 이야기를 해 주었다. 이윽고 헤어질 때가 되자 아우구스티누스 아저씨는 아이들을 위하여 기도해 주고 손을 잡고 함께 걸어가며 배웅해 주셨다.

요한이와 동민이는 이해가 잘 안 되는 부분이 있는지 고개를 갸웃거리며 서로 이야기에 빠져 있었다.

노마는 자기가 과연 하느님을 알게 되었는지 자신은 없었지만 아우구스티누스 아저씨의 이야기를 통해 기독교가 조금은 이해된 것 같았다.

앞서 걸어가는 요한이를 보며 노마는 앞으로 요한이를 너무 원망하지 말아야겠다는 생각을 했다.

"에피스테메!"

토마스 아퀴나스
그러므로 신은 존재한다

"노마 형, 저기 지금 뭐 하는 거야?"

함께 숙제를 한답시고 와서 아까부터 신나게 놀고 있던 기오 친구 동환이가 텔레비전에 비친 화면을 가리키며 물었다.

"예배하는 거야."

텔레비전에는 교회를 가득 메운 수많은 인파가 부활절 연합 예배를 드리는 모습이 비쳐지고 있었다.

"예배가 뭔데?"

"예배가 뭐긴. 예배가 예배지."

옆에 있던 동민이가 그것도 모르냐는 듯 동생인 동환이를 힐끔 보았다.

"예배란 하느님을 경배하는 의식이야."

노마가 나서서 정리를 했다.

"그런데 예배 받는 하느님은 어디에 있어?"

동환이가 다시 물었다.

"갈수록 태산이구나. 어디긴 어디야, 하늘에 계시지."

동민이가 또 딱하다는 듯 말을 던졌다.

"근데 형, 우리 반의 상호는 하느님 같은 건 없대."

기오가 끼어들었다.

"하느님이 진짜로 있는 거야?"

동환이가 또 물었다.

"진짜로 있지."

"그걸 어떻게 알아?"

"그러니까 그건…… 아이 참, 막상 설명하려니까 어려운데."

동민이가 설명을 하려다 말고 고개를 갸웃거렸다.

옆에서 텔레비전을 보며 듣고 계시던 삼촌이 빙그레 웃으며 아이들의 대화에 참여하셨다.

"그걸 설명하는 건 쉬운 일이 아니지."

"그럼 누가 묻거나, 아니면 하느님이 없다고 대들 때는 어떻게 해요?"

노마가 물었다.

"원칙적으로는 그건 신앙의 문제니까 믿음으로 받아들일 수밖에 없지. 하지만 중세의 철학자들은 그걸 이성적으로 납득시키려고 많은 노력을 기울이기도 했단다."

"어떻게요?"

"예를 들어, 안셀무스 같은 사람은 신의 개념 자체에서 신의 존재를 증명하려고 했지."

"개념이라뇨? 개념이 뭔데요?"

기오가 물었다.

"음, 뭐라고 할까. 쉽게 말하자면 우리가 어떤 것에 대해서 그게 '뭐다', '어떻다'라고 정리하는 그 생각의 내용을 개념이라고 하지."

"아하, 알겠어요."

동민이가 고개를 끄덕거렸다.

"그렇다면 '신이란 뭐다'라는 그 생각 자체에서 신의 존재를 증명하려고 했단 말이에요?"

노마가 물었다.

"그렇지."

"어떻게요?"

삼촌은 차근차근 설명해 주셨다.

"예를 들면 이렇다는 거야. 즉, 우리는 정신 속에 신이란 생각을 가지고 있는데, 그 신은 더 이상 위대한 것이 없는 '가장 위대한 분'이라는 거지."

"그래요. 하느님은 가장 위대한 존재죠."

동민이가 아는 척을 했다.

"그런데 가장 위대한 존재가 만약 생각 속에만 있고, 실제로는 없다면, 생각 속에도 있고 실제로도 있는 것들보다 덜 위대한 셈이 되겠지?"

"맞아요."

"그렇다면 그 가장 위대한 존재가 생각 속에만 있고 실제로는 없다고 하면 말이 안 되지."

"그래요. 가장 위대한 존재라면 실제로도 있어야죠."

동민이가 또 나섰다.

"응? 진짜 그런가? 그런 것 같기도 하고 아닌 것 같기도 하고. 알쏭달쏭한데요?"

노마가 고개를 갸우뚱했다.

"그래. 안셀무스는 그렇게 말했지만 사실 그 당시부터 이 증명을 납득하지 못하겠다는 사람도 많았단다."

"또 다른 증명은 없었나요?"

노마가 물었다.

"가장 유명한 것은 토마스 아퀴나스였단다."

"네? 도나스 마귀났어요?"

동환이가 재미있다는 듯 싱글거렸다.

"토마스 아퀴나스! 중세 후기 스콜라 철학의 가장 위대한 이론가였지. 그분은……"

그때였다.

노마의 궁금증

토마스 아퀴나스는?

토마스 아퀴나스는 아리스토텔레스 철학을 바탕으로 기독교 신학의 체계를 세우려고 했고 〈신학대전〉 〈이단 논박 대전〉 등 방대한 저서들을 남겼습니다. 또 체계적이고 창조적으로 아리스토텔레스의 철학과 기독교의 신앙을 조화시켰다는 평가를 받고 있습니다. 그는 탁월한 신학자였고 철학자였습니다. 그의 책인 〈신학대전〉은 신학의 역사에서 가장 중요한 책이며 그의 책을 바탕으로 로마 가톨릭 교회는 가르침의 기초를 세웠습니다.

토마스 아퀴나스가 그려진 서적 삽화, 14세기 후반, 산 마르코 미술관

바티칸 교황청, 토마스 아퀴나스가 신학 강사로 일하기도 했다

이탈리아 로마, 로마 안에 교황청이 있는 바티칸 시국이 있다

"삼촌, 전화 받으세요!"

노마 어머니가 갑자기 삼촌을 부르셨다.

전화를 받은 삼촌은 갑자기 볼일이 생겼다면서 서둘러 외출을 했다.

신의 존재에 대한 다섯 가지 증명

노마와 동민이는 그대로 있을 수가 없었다.

"필로소피아! 알레테이아!"

얼떨떨해하는 동환이와 기오를 데리고 마법의 철학책에 들어갔다.

아우구스티누스 아저씨를 찾았을 때와 건물들은 달라 보였지만 분위기는 같은 곳이었다. 토마스 아퀴나스도 역시 성자인가 보다 하고 아이들은 생각했다. 아이들은 어떤 방 안에 들어가서 잠시 기다리게 되었다. 그 방에는 깨알같은 글씨가 가득 적힌 원고들이 산더미처럼 쌓여 있었다. 조금 뒤 역시 머리 위에 신비한 동그라미가 빛나는 성자 한 분이 헐레벌떡 들어오셨다.

"얘들아, 늦어서 미안하구나. 학생들이 질문을 많이 하는 바람에 강의가 조금 늦게 끝났단다. 아, 참. 내 소개를 잊었구나. 나는 토마스 아퀴나스라고 해. 너희들을 진심으로 환영한다."

"안녕하세요? 그런데 성자님도 강의를 하시나요?"

"그래. 우리들 시대에 대학들이 생기기 시작했지. 나는 교수직도 함께 맡고 있어."

"그런데 여기 이 산더미 같은 원고들은 뭐예요?"

토마스 아퀴나스가 속해 있던 도미니크회의 교회

"아, 그거? 그건 〈신학대전〉이라는 책이야. 기독교 신학의 여러 가지 문제들을 총정리해 놓았지."
"그렇다면 신의 존재에 대한 증명도 있겠네요?"
노마가 물었다.
"물론이지."
"그 이야기를 듣고 싶어요."
"저도요."
"저도요."
기오와 동환이가 경쟁하듯 말했다.

　토마스 아퀴나스는 자세를 가다듬고 십자가 성호를 그은 뒤 차근차근 대답을 하기 시작했다.
　"나는 하느님이 계시다는 걸 다섯 가지로 증명할 수 있다고 봐."
노마가 말했다.
　"첫 번째부터 말씀해 주세요."
　"첫 번째는 우리가 직접 관찰할 수 있는 사물들의 '운동'에서부터 하느님을 찾아 나가는 길이지."
기오가 고개를 갸우뚱했다.
　"사물들의 운동이라뇨? 사물들도 축구나 야구 같은 운동을 하나요?"

토마스 아퀴나스는 웃음을 터트렸다.

"하하하, 그런 운동이 아니야. 나는 아리스토텔레스를 모범으로 삼고 있는데 바로 그분이 말한 운동, 즉 사물들의 움직임, 변화를 말하는 거야."

"그게 어떤 건데요?"

"예를 들어 이 나무 막대를 보렴. 이 나무 막대는 원래 나무 판자였었지. 그리고 그 나무 판자는 원래 책상의 일부였었고, 그리고 그 책상은 원래 목재였었고, 그 목재는 원래 통나무였었고, 그 통나무는 살아 있는 나무였었고, 그런 식으로 사물들은 운동, 변화하고 있는 거란다."

기오가 알았다는 듯 무릎을 탁 쳤다.

"아하, 바로 그런 걸 운동, 변화라고 하는군요."

"그렇단다."

노마는 이해할 수 없었다.

"그런 변화가 어떻게 하느님이 존재하신다는 증명이 될 수 있는 거예요?"

"잘 생각해 봐. 지금 말한 대로 운동, 변화하는 것은 무엇이든 간에 다른 것에 의해서 움직여지고 있지. 그리고 그 다른 것은 또 다른 것에 의해 움직여지고 있고, 그 다른 것은 또 다른 것에 의해 움직여지고 있고……."

"그럼 그 다른 것들은 끝도 없이 있는 건가요?"

"그렇지는 않지."

"그럼요?"

"그 움직여지는 것과 움직이게 하는 것의 순서를 거슬러 올라가서 끝까지 가면, 자기 스스로는 다른 것에 의해 움직여지지 않으면서 다른 모든 것을 움직이는 최고의 힘에 이르게 되지."

노마가 고개를 끄덕였다.

"그걸 사람들은 신이라고 해요."

"그래. 그러므로 신은 존재한다는 것을 알 수 있지."

동환이가 끼어들었다.

"그게 첫 번째 증명인가요?"

"그래."

"그럼 두 번째 것은요?"

"두 번째는 사물들의 '운동원인'에서부터 하느님을 찾아 나가는 길이지."

토마스 아퀴나스 아저씨는 목소리를 잠시 가다듬고 나서 계속 설명해 주었다.

"흠흠, 아까 말한 사물들의 운동, 변화에서 그 변화를 일으키는 원인들을 생각할 수 있지. 예를 들어, 은으로 접시를 만들었다면 그 접시를 만든 은 세공자가 바로 그런 원인이라는 거야."

기오는 눈을 반짝이며 듣고 있었다.

"아까 첫 번째 증명과 마찬가지로 그 원인들의 순서를 거슬러 올라가면 다른 모든 것의 원인이면서 자기 자신은 더 이상의 원인을 갖지 않는 스스로 있는 것에 이르게 되지."

"그게 바로 하느님이군요."

"그렇지. 그러므로 신은 존재한다는 것을 알 수 있단다."

동환이가 계속 질문했다.

"세 번째 증명은 어떤 거예요?"

"세 번째는 사물들의 '필연성'에서부터 하느님을 찾아 나가는 길이야. 노마야, 잘 생각하면서 듣고 있니?"

토마스 아퀴나스 아저씨가 노마를 쳐다보았다. 곰곰이 생각하느라 땅바닥을 바라보고 있었던 노마가 깜짝 놀라 대답했다.

"네, 잘 생각하면서 듣고 있어요."

기오가 재촉했다.

"어서 말씀해 주세요."

"그래. 한번 잘 생각해 보렴. 사물들은 생겨나기도 하고 없어지기도 하지?"

"네."

"그것은 있을 때도 있고 없을 때도 있다는 말이지 않니?"

"네, 그래요."

"그리고 있을 수도 있고 없을 수도 있고, 그렇지?"

"네."

노마와 동민이와 기오는 동시에 합창하듯 대답했다. 토마스 아퀴나스는 고개를 끄덕이며 설명을 계속했다.

한 가운데에 있는 사람이 토마스 아퀴나스, 1365, 안드레아 다 피렌체, 산타마리아

"그런 걸 우리는 우연한 것, 또는 가능한 것이라고 부르지."
노마가 물었다.
"그런데 그게 하느님의 존재와 무슨 관계가 있는데요?"
토마스 아퀴나스는 친절하게 대답했다.
"관계가 있지. 모든 것이 그런 것일 수만은 없기 때문이란다."
"어째서요?"
"왜냐하면 모든 것이 그런 우연한 것들뿐이라면 전혀 아무것도 없을 때도 있을 수 있겠지?"
"있을 수 있죠. 어? 아니다! 그러면 모든 것이 한꺼번에 꺼져 버릴 텐데……."

"그런데 실제로 그런 경우가 있니?"

"아니오, 없어요."

"그러니까 반드시 있는 필연적인 것들이 있어야 하지. 그런 것들 중에서도 다른 것에 의해서 그런 것이 아니라 자기 스스로 반드시 그런 것이 있어야 해."

"그게 바로 하느님이로군요."

노마가 말했다. 토마스 아퀴나스가 빙그레 웃었다.

"그래, 똑똑하구나. 그러니까 신은 존재한다는 것을 알 수 있지."

그때 예쁜 천사님이 맛있는 과자와 마실 것을 가지고 왔다. 아이들은 기가 막히게 맛있는 그 하늘나라 과자를 먹으며 잠시 쉬었다. 접시가 거의 비어 갈 때쯤 노마가 다시 물었다.

"네 번째 증명은 어떤 건가요?"

토마스 아퀴나스 아저씨는 주스를 한 모금 마시고 말을 계속했다.

"네 번째는 사물들의 '등급'에서부터 하느님을 찾아 나가는 길이지."

동민이도 질문했다.

"어떤 식으로요?"

"사물들 중에는 덜 완전한 것과 더 완전한 것들이 있지. 정도의 차이가 있다는 말이야."

"예를 들면요?"

"예를 들면, 돌멩이보다는 코스모스가 더 완전하고, 코스모스보다는 잠자리가 더 완전하고, 잠자리보다는 동환이가 더 완전하고, 그렇지?"

프랑스의 생 세르낭 성당, 토마스 아퀴나스의 묘지가 있다

동민이가 이어 말했다.
"그리고 노마보다는 아저씨가 더 완전하구요, 맞죠?"
"그 말이 정답이네! 하하하……."
모두가 한바탕 즐겁게 웃고 나서 토마스 아퀴나스가 말했다.
"아무튼 그런 등급을 생각해 나가면 모든 것들 중 가장 참되고 좋고 고상한 최고로 완전한 것이 있어야 하지."
토마스 아퀴나스의 말이 끝나자마자 기오가 자신있게 말했다.
"그게 하느님 맞죠?"
"그래. 그러니까 신은 존재한다는 것을 알 수 있는 거야?"

동민이는 마지막 증명이 궁금해져서 얼른 물었다.

"그 다음 다섯 번째 증명은요?"

"그건 사물들의 '목적'에서부터 하느님을 찾아 나가는 길이지."

"어떻게요?

"사물들은 모두 어떤 목적을 향해서 질서 있게 움직이고 있지."

노마는 계절마다 바뀌는 시골 풍경이 떠올라서 말했다.

"자연의 질서는 참 신비롭다고 저도 항상 느껴요."

"그런 것들이 우연히 그렇다고 볼 수 있겠니?"

동환이도 거들었다.

"우연히 그렇다고 하기엔 너무나 오묘해요."

"그리고 그런 것들이 저 스스로 그렇다고 볼 수 있겠니?"

노마는 토마스 아퀴나스 아저씨가 무슨 말을 하는 건지 알 수 있을 것 같았다.

"우리 몸 속의 질서들도 우리가 만든 게 아니잖아요. 소화를 시키라고 위가 있지만 우리가 그렇게 만든 건 절대 아니에요."

토마스 아퀴나스 아저씨가 기특하다는 듯 미소를 지었다.

"그래. 누군가가 그렇게 꾸며 놓았다고 볼 수밖에 없겠지? 그게 누구겠니?"

"하느님이요."

아이들은 일제히 대답했다.

"그래, 그러니까 하느님은 존재한다는 것을 알 수가 있지."

아이들은 고맙다는 인사를 하고 다시 마법의 문으로 향했다. 아저씨도 바깥으로 따라 나오셨다. 환상적인 구름의 땅이 끝없이 펼쳐져 있었다.

"얘들아, 그 구름 조각들 한번 먹어 보렴."

토마스 아저씨가 상냥하게 웃으며 말했다.

"네? 먹을 수 있는 건가요?"

아이들은 구름 조각을 조금씩 떼어서 먹어 보았다. 그것은 마치 솜사탕같이 달콤한 것이었다. 그렇다고 끈적거리지도 않았다.

아이들은 즐거운 마음으로 현실로 되돌아왔다. 토마스 아퀴나스 아저씨의 이야기를 완전히 알아들었는지 자신은 없었지만 아무튼 아저씨가 굉장히 똑똑한 분이라는 것은 확실한 것 같았다.

"에피스테메!"

"나도!"

"나도!"

기오와 동환이도 따라 말했다.

박사님과 함께

"얘들아, 그건 말이야"

로마 제국의 모진 탄압을 받던 기독교가 콘스탄티누스 황제 때인 313년 마침내 공식적으로 인정을 받고, 380년 로마의 국교로 선포되면서 '중세'라는 새로운 시대가 시작됩니다.

이 시대는, 로마가 동서로 갈라지고 곧이어 서로마가 멸망하고 마침내는 동로마도 터키 손에 멸망하는 것을 겪으면서, 이탈리아에서 '옛날 되살리기 운동'이 활발하게 일어나기까지 약 천 년 동안이나 이어지게 됩니다. 이 시대는 교회가 모든 것을 지배했습니다.

이 시대에 철학은 주로 신학을 뒷바라지하는 데 온 힘을 쏟았고 그래서 철학은 곧 '신학의 시녀'라는 말도 생겨났습니다.

이 시대의 철학은 한마디로 '기독교 철학'인 셈이지요. 처음에는 '교부'라고 불리는 분들이, 그리고 나중에는(800년부터는) 교회에 딸린 '스콜라(학교)'의 학자들이 이 시대의 철학을 이끌어 갔습니다. 그래서 처음 것을 '교부 철학', 나중 것을 '스콜라 철학'이라 부르기도 합니다.

수많은 교부들 중에서는 플라톤과 플로티노스를 모범으로 삼은 아우구스티누스가, 그리고 수많은 스콜라 학자들 중에서는 아리스토텔레스를 모범으로 삼은 토마스 아퀴나스가 가장 크게 영향을 끼쳤습니다. 이밖에도 유스티누스, 테르툴리아누스, 위 디오니시우스-아레오파기타, 보에티우스 같은 교부들과 에리우케나, 안셀무스, 아벨라르두스, 알베르투스-마그누스, 둔스-스코투스, 윌리암-오캄, 에크하르트 같은 스콜라 학자들이 큰 발자취를 남겼습니다.

처음에 방탕아였다가 나중에 성자가 된 북아프리카 누미디아 출신의 아우구스티누스는 기독교가 곧 진리라는 것을 굳게 믿었습니다. 그래서 그는 기독교의 가르침들을 철학으로 설명하는 데 온 힘을 쏟았습니다. 그는 하느님이 아무것도 없는 데서부터 사랑으로 세계를 '창조'했다는 것을 믿었습니다. 그리고 플라톤이 말한 '본(이데아)'들도 하느님 안에 있는 것이라고 생각했습니다.

그는 또 하느님이 지으신 우리 인간이 주어진 자유를 잘못 써서 '죄'를 지어 타락하고 저주를 받았으며, 그런데도 불구하고 하느님은 사랑으로써 우리 인간들을 '구원'해 주시려고 한다는 것도 믿었습니다.

다만 하느님은 몇몇 사람들만을 골라서 구원하려고 '예정'해 놓으셨는데 그렇다고 인간이 하느님을 원망할 권리는 없고, 구원은 오직 하느님의 '은총'에 달려 있다고 했습니다. '교회'가 인간을 하느님과 연결시켜 준다고도 말했습니다.

그는 또 이 땅 위에서는 선한 '하느님의 나라'와 악한 '지상의 나라'가 서로 싸우고 있는데, 마지막에 악한 나라 사람들이 영원한 벌을 받고 하느님 나라 사람들이 영원한 복을 받아, 끝날 때까지 계속해서 싸워 나가는 전체 과정이 곧 '역사'라고 설명했습니다.

그 역사 속에는 하느님의 '뜻(섭리)'이 숨어 있다고 믿었습니다. 이렇기 때문에 그에게는 '하느님'을 아는 것이 최종 목표였습니다.

그는 하느님이 계시며 무한하며

진실되며 항상 변함 없다는 것을 굳게 믿었습니다.

그런 하느님을 그는 '진리'라고 불렀고, 영원, 불변, 불멸, 생명, 능력, 선, 복, 정신, 아름다움 등으로도 불렀습니다. 그런데 그는 오랫동안 방황했던 사람답게 자기 자신, 특히 '영혼'에 관해서도 알고자 했습니다.

그는 먼저 자기 자신이 '있다'는 것과 '생각한다'는 것이 틀림없는 사실이라는 것을 확인함으로써 의심을 극복했고, 그 확실성을 발판으로 삼아 점차 하느님을 아는 데로 나아갔습니다.

그는 우리의 영혼이 '하느님의 빛'을 받아 밝혀지고, 밝혀진 그 '영혼의 빛'으로써 '진리', '영원', '하느님의 참된 사람' 같은 것을 알 수 있게 된다고 설명했습니다.

그에게는 선한 하느님이 창조하신 이 세상에 왜 '악'이 있을까 하는 것도 큰 문제였습니다. 그는 '악'이 '선'과 똑같은 비중으로 선과 대립하는 것이 아니라, 빛이 모자란 상태가 어둠이듯이 선이 모자란 상태가 곧 악이라고 생각함으로써 이 문제를 풀었습니다.

그는 또 그저 있을 뿐인 사물과 그저 살아갈 뿐인 동물과는 달리, 인간은 생각을 한다는 점에서 근본적으로 그것들과 다르다고도 생각했습니다.

그는 이밖에도 기독교의 여러 가지 가르침을 철학으로 잘 설명해서 기독교가 틀을 잡는 데 결정적인 공을 세웠습니다.

여러 가지 면에서 그는 어디까지나 중세의 철학자였지만 '시간'과 '역사' 등등에 관한 그의 깊고도 날카로운 생각들은 데카르트를 비롯한 나중의 철학자들에게도 적지 않는 영향을 끼쳤습니다.

중세 후반 스콜라 철학 시대의 최고 스타는 이탈리아 로카세카(로마와 나폴리 중간에 위치) 출신의 토마스 아퀴나스였습니다.

그는 '우리가 어떻게 완전한 진리를 알 수 있게 되는가' 하는 문제를 설명해 주었습니다. 그는 우선 우리가 한 가지 한 가지 사실을 감각으로 직접 느껴서 아는 것이 진리를 아는 첫걸음이라고 했습니다. 그런 다음에 우리는 그것을 발판으로 삼아서 그것을 뛰어넘고 더 높은 것들을 알게 된다는 것입니다.

언제나 어디서나 반드시 그러한 것들을 알 수 있게 되는 것은 우리에게 그러한 것들을 알 수 있는 '능동적 지성'이라는 힘이 주어져 있기 때문이라고 그는 설명했습니다.

그러나 이러한 능력도 완전한 것은 못 되기 때문에 '하느님에 관한 진리'들은 이런 능력으로는 알 수 없고, 그것들은 하느님의 알려 주심인 '은총의 빛(계시)'으로만 알 수 있다고 했습니다.

이런 생각으로 그는 '아는 것'과 '믿는 것', '철학'과 '신학'을 서로 조화시켰습니다. 여기에서도 알 수 있듯이 그는 아리스토텔레스처럼 개별적인 것들이 중요함을 인정했습니다.

그는 또한 이 세계가 낮은 것에서 높은 것으로 이어지는 단계를 이루고 있다고 보았습니다. 이 단계의 맨 꼭대기에는 하느님이 있고 따라서 하느님은 모든 것들의 맨 처음 원인도 되고 맨 나중 목적도 된다는 것이 그의 생각이었습니다. 이런 생각은 그의 유명한 '하느님 존재 증명'에도 이용되었습니다.

그가 하느님이 실제로 계시다는 것을 다섯 가지 방식으로 증명한 사실도 유명합니다.

첫째는, 사물들의 '움직임'에서부터 하느님을 찾아 나가는 것입니다. 사물들은 모두 움직이고 변하는데 움직임에는 '움직이게 하는 것'이 있어야 합니다. 자신은 움직여지지 않으면서 다른 모든 것을 움직이는 최초의 힘이 곧 하느님입니다. 그러니까 하느님은 계시다는 것입니다.

둘째는, 사물들의 '운동원인'에서부터 하느님을 찾아 나가는 것입니다. 사물들의 모든 움직임에는 원인이 반드시 있게 마련입니다. 그 원인의 순서를 거슬러 올라가면 맨 꼭대기에는 다른 모든 것을 만들면서 자기 자신은 만들어지지 않은 '스스로 있는 이'가 있어야 합니다. 그것이 곧 하느님입니다. 그러니까 하느님은 계시다는 것입니다.

셋째는, 사물들의 '필연성'에서부터 하느님을 찾아 나가는 것입니다. 사물들은 생기기도 하고 없어지기도 하는데 그것은 곧 있을 때도 있고 없을 때도 있다는 말이며, 있을 수도 있고 없을 수도 있는 '우연한 것', '가능한 것'이라는 말입니다. 그러나 모든 것이 우연한 것일 수만은 없습니다.

왜냐하면 모든 것이 다 그렇다면 전혀 아무것도 없을 때도 있을 수 있을 텐데, 실제로 그럴 때는 없기 때문입니다. 그러니까 반드시 있는 '필연적인 것들'이 있어야 합니다. 그것들 중에서는 다른 것에 의해서 그런 것이 아니라 '자기 스스로 반드시 그런 것'이 있어야만 합니다. 그것이 곧 하느님입니다. 그러니까 하느님은 계시다는 것입니다.

넷째는, 사물들의 '완전한 정도의 차이'에서부터 하느님을 찾아 나가는 것입니다. 사물들 중에는 덜 완전한 것과 더 완전한 것들이 있는데, 그렇게 단계를 생각해 나가면 모든 완전한 것들 중에서 가장 완전하고 그 모든 것들의 원인도 되는 '최고로 완전한 것'이 있어야 합니다. 그것이 곧 하느님입니다. 그러니까 하느님은 계시다는 것입니다.

다섯째는, 사물들의 '목적'에서부터 하느님을 찾아 나가는 것입니다. 사물들은 생각하는 힘이 없는 무생물까지도 모두 어떤 목적을 향해서 질서 있게 움직이고 있는데, 그런 것은 우연히 그렇다고 볼 수도 없고 저 스스로 그렇다고 볼 수도 없으므로, 누군가가 그렇게 이끌고 있다고 볼 수밖에 없습니다. 그것이 곧 하느님입니다. 그러니까 하느님은 계시다는 것입니다.

　이밖에도 아퀴나스는 신학의 온갖 문제들에 대해 깊이 생각하여, 그의 생각이 기독교의 체계를 세웠다고 높이 평가받게 되었습니다.

　중세에는 그밖에도 많은 철학자들이 등장하여 기독교의 가르침들을 철학으로 꾸몄는데 하느님의 존재를 증명하려고 특히 많은 노력을 기울였습니다.

　또 여러 가지 것들을 묶어서 말하는 '보편적인 것'이 '실제로 있는 거냐' 아니면 '이름만 있는 거냐' 하는 문제를 놓고 오랫동안 의견이 갈려 다투기도 했습니다.

　점차 이름뿐이라는 의견이 많아지는 것과 발 맞추어 사회 각 분야에도 큰 변화가 일어나게 되었고 이윽고 새로운 시대, 새로운 철학이 싹터 나오게 됩니다.

chapter 2

베이컨　　　　　　로크　　　　　　흄

경험의 깃발 올린 영국의 근세 철학

베이컨
아는 것이 힘이다

"후유……."

노마네 방에서 함께 숙제를 하던 동민이가 갑작스레 땅이 꺼져라 한숨을 내쉬었다.

"왜? 숙제가 잘 안 되니? 내가 도와줄까?"

노마가 쓰고 있던 연필을 내려놓고 동민이를 보며 말했다.

"그게 아니야……."

"그럼 왜 방바닥이 꺼질 정도로 한숨을 푹푹 내쉬니?"

같이 있던 나리도 웃으며 말했다.

"도대체 난 왜 이런 공부를 해야 하는지 모르겠어. 원의 지름을 구하고, 또 삼각형의 넓이를 구하고……. 이런 걸 알아서 다 어디다

쓰냐고?"

동민이는 원망스러운 듯 수학책을 탁 덮으며 말했다.

학문의 목적

"그야 당연히 진리를 탐구하는 데 쓰이지 않겠니?"

나리가 당연하다는 듯 힘주어 말했다.

"넌 그럼 학문을 배우는 목적이 보이지도 않는 진리를 발견하기 위한 것이라는 말이니?"

"물론이지. 또 어려운 수학 문제를 풀거나 모르는 것을 배우는 과정에서 얻어지는 성취감과 즐거움을 맛보기 위해서 학문을 배우기도 하지."

"말도 안 돼. 모든 학문은 우리 실생활을 풍부하고 편리하게 하는 데 그 목적이 있는 거야. 원이나 삼각형의 넓이를 구하는 것도 우리 생활에 아무런 도움이 못 되면 쓸모 없는 거라고!"

이때, 듣고만 있던 노마가 말을 꺼냈다.

"음, 지금 동민이의 말을 들으니까 언젠가 삼촌에게 들은 베이컨이 생각나."

노마의 궁금증

베이컨

베이컨은 영국의 경험주의 철학자로 자연 과학을 성립하는 하나의 방법으로서 귀납법을 체계화했습니다. 그는 생각으로 현상을 분석하는 방법을 비판했는데 이는 아리스토텔레스 이후로 전해져 내려온 생각을 비판한 것이지요. 그는 자연에 대한 올바른 지식을 획득하는 것이 중요하다고 생각했고, 실험과 관찰을 중시해서 귀납법을 주장한 것입니다. 특히 삼단 논법으로 대표되는 아리스토텔레스의 논리학이 자연에서 새로운 지식을 얻는 데 맞지 않다고 했어요. 그는 또 귀납법을 온전히 사용하기 위해서 네 가지 우상을 극복해야 한다고도 말했습니다.

프렌시스 베이컨의 초상. 파울 반 소머의 그림

"얘는, 지금 학문의 목적에 대해 진지한 대화를 하는데, 갑자기 돼지고기 얘기가 왜 나오니?"

나리가 엉뚱하다는 듯 노마를 보고 웃으며 말했다.

"푸하하! 내가 말한 베이컨은 돼지고기를 뜻하는 게 아니야."

"그럼?"

"프란시스 베이컨! 바로 영국의 유명한 철학자라고."

노마의 말에 나리는 멋쩍은 듯 웃었다.

"그런데 왜 갑자기 그분 생각을 한 거야?"

동민이가 궁금하다는 듯 물었다.

"응, 언젠가 학문에 대한 그분의 생각을 들은 적이 있거든."

"그게 어떤 생각인데?"

동민이는 더욱 궁금하다는 듯 몸을 앞으로 바싹 내밀며 물었다.

"그분은 학문을 목적이라기보다는 수단이라고 생각했대. 그래서 '아는 것이 힘이다'라는 말씀을 하셨다는 거야."

"이해하기가 좀 어려운걸."

"그러니까 나리의 생각처럼, 학문은 순수한 진리를 발견하거나 그 과정에서 얻는 즐거움에 있기보다는, 실생활에 미치는 결과가 더 중요하다는 거야."

"맞아. 내 생각도 바로 그런 거야. '아는 것이 힘이다'라는 말도 인간이 자연을 지배하여 생활을 풍요롭게 하려면 앎이라는 수단이 중요하다는 뜻 아니겠니?"

동민이가 자신에 찬 소리로 열변을 토했다.

"그것이 진정한 학문의 목적이라면, 그건 자기 무덤을 스스로 파는 것밖에는 안 돼."

나리가 팔짱을 끼며 말했다.

"어째서 그렇지?"

노마가 묻자 나리는 평소처럼 차분하게 얘기했다.

"생각해 봐. 우리 인간도 대자연의 일부인데, 학문을 자연을 지배하여 생활을 풍요롭게 하는 수단으로만 여긴다면, 언젠가는 인간이 자연을 모두 파괴하게 되고 말 거야. 그렇게 되면 그것은 결국 인류의 멸망을 가져오는 거라고."

"내 생각엔 베이컨이 반드시 그런 의미로 학문의 목적을 생각했던 건 아닌 것 같아. 하지만 우리의 배움이 실생활에 도움을 줄 수 있을 때, 배움의 가치가 더 커진다는 뜻이라고 봐."

노마가 고개를 끄덕이며 자기의 생각을 말했다.

"그렇다면 우린 뭐하러 학교에 다니면서 그토록 많은 것을 배우지? 사실은 생활에 필요하지 않은 것같이 보이는데 말이야."

나리가 노마와 동민이를 번갈아보며 물었다.

"그거야 적든 크든 우리 생활에 도움이 될 수도 있기 때문이겠지 뭐."

동민이가 말했다.

"그럼 우리가 오랜 고민 끝에 문제를 해결했을 때 느끼는 즐거움도 생활에 필요한 문제가 아니면 아무 의미도 없다는 뜻이니?"

"물론 학문에서 얻어지는 즐거움을 무시할 수는 없다고 봐. 작

은 앎이 모여 우리 생활을 윤택하게 하는 데 학문의 목적이 있는 거지."

"그래. 우리가 등산을 하는 목적은 정상에 오른 기쁨을 맛보기 위한 것으로 충분한 것처럼, 학문의 목적도 그 과정에서 얻어지는 즐거움만으로 충분하다고 봐."

"모두 옳은 생각이야. 하지만 학문을 수단으로만 볼 때는 개인의 욕심을 채우는 나쁜 쪽으로 사용될 수도 있고, 또 학문하는 즐거움만 강조하면 우리 생활을 무시한 이론만으로 끝날 수 있어."

노마가 제법 어른스럽게 정리를 했다.

우상 숭배

오늘은 노마네 반이 식물원의 식물을 돌봐 줄 차례이다.

노마네 반 아이들은 특별 활동 시간에 재배부 담임을 맡은 선생님을 따라 한창 하늘을 향해 치솟은 푸른 나무와 식물들을 열심히 손질했다. 선생님이 커다란 가위로 나무의 가지를 치며 말씀하셨다.

"한 가지에 너무 많은 잔가지가 있으면 영양분을 제대로 받을 수가 없단다. 그래서 이렇게 적당히 잘라 주어야 하는 거란다."

그러자 꽃나무를 돌보던 혜영이가 큰 소리로 말했다.

"하지만 선생님, 그건 너무 잔인한 것 같아요."

"응? 뭐가 잔인하다는 거지?"

"잘려 나간 가지들도 분명 살아 있는데 그렇게 큰 가위로 자르면 얼마나 아프겠어요."

"허허허, 그럼 내가 이 나무에게 큰 고통을 주고 있단 말이지."

선생님이 말씀하셨다. 그러자 사과나무 밑에 앉아 있던 수연이가 입가에 웃음을 띠고 일어나며 큰 소리로 말했다.

"선생님, 혜영이의 말은 옳지 않아요."

"내 말이 틀린 게 뭐가 있니? 저 가지들은 큰 나무의 팔과 같다구. 그 팔을 자르는데 너 같으면 아프지 않겠니?"

혜영이는 얼굴이 빨개지며 소리쳤다.

"하지만 나무는 사람처럼 고통을 느끼는 말초 신경이 없기 때문에 아픈 걸 못 느끼잖아."

"이상하다? 난 지금껏 나무도 아픔이나 기쁨 등을 느낀다고 생각했었는데."

혜영이가 이상하다는 듯 고개를 갸우뚱거리며 말했다.

"음, 아마도 혜영이는 문학적으로 생각하니까 그럴 거야. 그렇게 생각하는 것도 나름대로 일리는 있지만 철학적으로 보면 일종의 우상 숭배라고 할 수도 있지."

"우상 숭배요? 그게 뭔데요?"
선생님의 말씀에 아이들은 어리둥절한 표정을 지었다.
"영국의 철학자 베이컨은 사람을 거짓에 말려들게 하는 마음의 모든 경향을 우상이라고 하고, 거기에 빠지는 것을 우상 숭배라고 했단다."
"그럼 우리 마음 속에 우상을 숭배하는 버릇이 있다는 말씀인가요?"
노마가 눈을 빛내며 진지하게 말했다.
"그렇지. 특히 지금 혜영이가 '나뭇가지가 잘리면 나무도 사람처럼 아플 것이다'라고 생각한 건 베이컨이 말한 우상 중 종족의 우상에 속하지."
"종족의 우상요? 그건 또 무슨 뜻이에요?"
"음, 그건 모든 사람에게 본디부터 있는 것으로, 사람의 감각으로 알게 되는 것이 가장 확실하다고 단정짓는 거야"
"아, 그러니까 나무도 아픔을 느끼고 동물도 사람처럼 말을 할 수 있다고 생각하는 건, 우리 사람의 경우에서 생각한 틀린 판단이라는 거로군요."
"그렇지. 그밖에도 동굴의 우상, 시장의 우상, 극장의 우상이 있지."
"재미있는 이름인데요."
"선생님, 빨리 설명해 주세요."
아이들은 처음 들어 보는 말이 신기한 듯 선생님을 재촉했다.
"동굴의 우상은, 모든 사람이 자기만의 좁은 동굴을 가지고 있어서 그 속밖에 보지 못한다는 것인데, 각 개인들이 자기만의 특수한 성질이나 자기가 배우고 겪은 것만을 기준으로 생각해서 사실을 바로 보지 못하는 경향을 가리키는 거야."
"그럼 수학을 공부한 사람이 모든 사람들의 마음을 수학 공식으로 설명하려고 하는 것도 동굴의 우상에 빠진 거네요."
"그렇지."
"그럼 시장의 우상은 무얼 뜻하지요?"
"아마 시장을 섬기는 거겠지. 제 말이 맞죠? 선생님!"
"와하하하!"

"음, 아주 정확히 틀렸구나."

"와하하하!"

병태의 엉뚱한 대답과 선생님 말씀에 아이들은 한바탕 웃음을 터뜨렸다.

"그럼 뭐예요?"

"시장의 우상이란, 말에 의해 속기 쉬운 것을 말하는 거야."

"말에 의해 속는다는 건 거짓말을 많이 한다는 뜻인가요?"

"아니야. 우리가 시장에서 물건을 사고 팔 때 말로 거래한다는 점 때문에 붙여진 이름인데, 같은 말이 다른 내용을 가리킬 수도 있다는 뜻이지. 예를 들어, '기린'이라는 말은 실제 '기린'을 가리키기도 하고 또 신화 속의 동물을 가리키기도 하는 것처럼 말이야."

"그럼 말은 있어도 그에 해당하는 실재가 없을 수도 있어요?"

"물론이지. '봉황새'나 '용' '도깨비'와 같은 건 실제로 있는 건 아니거든. 또 신의 존재도 확인된 것이 아니니 함부로 말할 수 없는 것이지."

"그럼 극장의 우상은 뭐예요?"

"그건 우리가 극장에서 연극을 볼 때 아무 비판 없이 빠져드는 것처럼, 전통적인 생각이나 권위 있는 학설들을 무조건 옳다고 믿으려는 경향을 말하는 거야. 그것 때문에 우리는 판단을 잘못하기 쉽다는 거지."

"그런데요 선생님, 어째서 베이컨은 이런 재미있는 우상들이 있다고 했을까요?"

베이컨이 국회의원으로 일했던 영국 의회, 베이컨은 대법관으로도 일했다

"그건 베이컨이 우리에게 던진 따끔한 경고가 아닐까?"
"경고라고요? 우리가 뭘 잘못했는데요?"
해진이가 알 수 없다는 듯 눈을 끔벅거리며 말했다.
"우리는 대개 너무 조급히 서두르거나, 또 선입견을 가지고 옳다고 주장해서 사실을 잘못 이해하는 경우가 많아."
"아까 제가 생각한 나무의 아픔처럼요."
혜영이가 멋쩍게 머리를 만지며 작은 소리로 말했다.
"그래 맞아. 그건 비록 작은 잘못이지만 그것이 쌓이면 세계를 올바로 알 수 없게 된단다."
"그러니까 베이컨의 주장은 우상에 빠져 멋대로 세계를 보고 잘못 판단해서는 안 된다는 거로군요."

노마가 고개를 끄덕이며 말하자 선생님께서 정리해서 말씀하셨다.

"그렇지. 자연으로부터 참된 지식을 얻어 내기 위해서는 우선 그런 잘못에 빠지지 않도록 조심해야 한다는 말이지."

영국 의회의 상징 시계탑 빅벤

귀납법

"노마야, 우리도 언제가는 죽어서 땅 속에 묻히겠지?"

해가 쨍쨍한 토요일 오후, 노마네 집 마루에서 사과를 먹고 있던 동민이가 갑작스레 말을 꺼냈다. 함께 있던 노마와 삼촌이 놀라서 동민이의 얼굴을 바라보았다.

"동민아, 왜 갑자기 죽는 생각을 하니?"

"아까 학교 운동장 구석의 나무 밑에 죽어 있던 참새 생각이 나서 말이야."

"난 또 뭐라고. 난 네가 무슨 말 못 할 큰 병에라도 걸린 줄 알았잖니?"

"그야, 영원히 사는 생명체는 없으니까 우리도 언젠가는 죽는 게

영국 여왕 엘리자베스 1세, 베이컨은 엘리자베스 여왕 시대에 살았다, 1588, 마커스, 워번애비

당연하잖니?"

노마와 동민이가 티격태격하는 중에 삼촌은 사과를 집어 먹으며 말했다.

"그럼 모든 생명체가 죽는다는 건 어떻게 알 수 있지?"

"그건 지금까지의 경험을 통해서지요. 자신의 수명을 다한 생명체는 어떤 것이나 모두 죽었잖아요."

"그럼 하나하나의 사실로부터 일반적인 법칙을 알 수 있다는 거니?"

"네."

"그렇지. 그게 바로 지식을 얻는 귀납적 방법이야."

삼촌이 입 안 가득 사과를 물고 말했다.

"아, 그 전에 말씀하셨던 귀납적 방법이요?"

노마가 사과를 먹다 말고 삼촌을 보며 말했다.

"방금 '모든 생명체는 죽는다'라는 결론을 한 가지 한 가지 관찰을 통해 얻은 것처럼, 객관적인 관찰과 실험에 의해 일반적인 법칙을 얻는 방법이 귀납적 방법이야. 베이컨은 바로 이 방법으로 학문에 '대혁신'을 일으키고자 했지."

"그럼 오직 경험을 통해서만 참된 지식을 얻을 수 있단 말인가요?"

노마가 진지한 얼굴로 말했다.

"그렇지. 만약 우리가 관찰과 실험을 하지 않고 상상만으로 판단해 버린다면, 물이 100도에서 끓는다는 일반적 사실은 영원히 모를 거야."

"하지만 그런 관찰을 통해 얻은 경험만으로 대자연의 원리를 모두 알 수는 없다고 봐요."

"그건 왜지?"

"예를 들어 우리가 눈으로 볼 수 없는 인간의 꿈이나 초능력과 같은 정신 세계는 과학적 방법만으로는 설명할 수 없는 어떤 신비한 부분이 있기 때문이에요."

"물론 그런 점에서는 귀납적 방법이 적용될 수 없지만, 대부분의 지식은 이런 귀납적 방법이 있기 때문에 얻을 수 있는 거야."

"그럼 삼촌은 관찰과 경험이 지식을 얻는 가장 정확한 방법이라고 생각하세요?"

동민이가 삼촌을 보며 물었다.

"음, 우리 마음 속의 선입견이나 편견을 버리고 순수한 경험을 할 수 있다면 그렇다고 할 수 있지."

"하지만 제 생각에 인간은 결코 자기 감정의 영향을 받지 않는 순수한 경험은 할 수 없다고 봐요. 예를 들어, 그리스 신화는 사람의 생각이나 감정과 비슷하게 신을 만들고 믿었잖아요. 이건 사실이 아닌 것을 자기들 감정에 따라 만든 거예요."

"물론 경험을 넘어선 세계에 대한 지식은 귀납적인 방법만으로는 충분히 알 수 없지만, 과학적 지식을 얻는 데는 대단히 쓸모 있는 방법인 것이 분명해."

"꼭 그렇지만도 않아요."

"그럼 넌 모든 물체가 땅으로 떨어진다는 원리를 귀납적 방법을 사용하지 않고 알 수 있겠니?"

"하지만 꿀벌이 색깔을 단지 명암만으로 구별한다는 사실은 관찰이나 경험이 먼저 있었던 게 아니라고요."

"그럼?"

노마의 말에 동민이가 재미있다는 표정으로 물었다.

"그건 과학자가 먼저 '꿀벌은 색깔을 명암만으로 구별한다'는 가설을 세우고 나서, 그것을 증명하기 위한 실험을 하여 알게 된 거라고."

노마의 말이 끝난 뒤 세 사람은 각자의 생각에 골똘히 잠긴 듯했다. 물론 관찰과 실험을 통해 얻은 경험은 여러 가지 지식을 주기도 한다. 그러나 그것이 지식을 얻는 가장 유일한 방법일까? 베이컨 아저씨라면 뭐라고 말씀하실까? 아, 이럴 때 그 마법의 철학책이 있었더라면 당장 찾아가서 물어보았을 텐데…….

노마는 사라져 버린 그 책이 궁금해서 견딜 수가 없었다.

로크
모든 관념은 경험에서 온다

"별이야, 나리한테 들었지? 이번 방학에 희재하고 동민이랑 우리 외할머니 댁에 가기로 했거든. 너도 꼭 같이 가자, 응? 네가 빠지면 재미없단 말이야."

"글쎄 싫다니까."

노마는 이번 방학에 아이들과 같이 시골에 가기로 했다. 그런데 별이가 반대를 하고 있기 때문에 아침부터 별이를 설득하고 있었다.

"이번 방학에 나는 집에서 조용히 공부할 거야."

"가만히 앉아서 책 보는 것도 좋지만, 직접 경험하는 것에서 많은 것을 배울 수도 있는 거라구."

동민이가 별이를 보며 말했다.

노마의 궁금증

로크

17세기에 활약했던 로크는 데카르트와 뉴턴에 의해 완성된 자연과학을 받아들여 스콜라 철학에 반대하는 입장에 섰습니다. 과학적인 탐구의 방식을 철학에 적용하려고 한 로크의 생각은 과학이 발달하면서 인간의 이성을 높게 평가했던 당시와 잘 맞물렸습니다. 그래서 계몽철학의 원조가 되었지요. 철학사에서 그의 인식론은 버클리와 흄 등의 철학자에게 영향을 미쳤고 더 나아가 칸트에 의해 완성됐다고 볼 수 있습니다. 사실 로크의 생각은 정치 사상에 있어서도 유명합니다. 그가 내세운 권력분립론은 미국의 독립운동, 프랑스 혁명 등에 큰 영향을 미쳤으며 서구 민주주의의 근본 사상이 되기도 했습니다.

"인터넷에서 찾으면 뭐든지 다 잘 나와 있는데 뭐."

"백 번 듣는 것보다 한 번 보는 것이 더 좋다는 말도 있잖아."

"그래. 미술 학원 선생님이 그러시는데 로크라는 영국의 철학자는, 사람의 정신은 원래 흰 도화지와 같은데, 경험이 거기에다 온갖 지식을 그려 넣는 거라고 설명했대. 말하자면, 모든 지식은 경험으로부터 나온다는 말이지."

희재도 큰 소리로 별이 설득 작전에 합세했다.

"그런 말은 나도 언젠가 들어 본 적이 있는데……."

별이가 고개를 갸웃거리며 기억을 더듬는 것을 보면서 세 아이는 별이가 승낙할 것을 간절히 바랐다.

경험의 중요성

"나도 삼촌한테 배운 적이 있어. 로크의 말에 따르면 사람은 태어날 때에는 아무것도 미리 알고 있지 않아. 그래서 사람의 마음은 백지와 같다고 했어. 곧 경험을 통해서 이 백지 위에 글씨가 쓰여

옥스퍼드 대학교. 로크는 이곳에서 철학·자연과학·의학 등을 배웠다

영국의 '권리장전' 부조. 로크가 이론적으로 뒷받침했다. 1916

지듯이 지식이 생긴다는 말이지. 그러니까 우리는 경험을 하지 않고는 아무것도 알 수 없다고."

노마가 마지막 말에 힘을 주며 덧붙였다.

"어, 이상하다. 우리 옆집에 사는 갓난아기는 엄마가 오면 금세 알고 웃거든. 그런데 너희들 말처럼 우리가 태어날 때에 아무것도 알지 못한다면, 그 아기는 어떻게 엄마를 알아보는 거니?"

별이가 물었다.

"그야, 그 아기도 엄마가 젖을 주고 기저귀도 갈아 주고 자기를 사랑한다는 것을 이미 경험했기 때문에 엄마란 좋은 사람이란 걸 알고 있는 거겠지, 뭐."

동민이가 대답했다.

"만약에 우리가 태어나면서부터 진리를 알고 있다면, 아기들이나 백치들도 진리를 모두 알고 있어야 하는데, 사실 그들에게는 그런 능력이 없잖아."

희재가 팔짱을 끼며 말했다.

"……."

별이가 대답이 없자 세 아이는 서로 눈짓을 주고받으며 기뻐했다.

그런데 별이가 갑자기 의기양양하게 말했다.

"하지만 경험하지 않고 알 수 있는 지식도 많아."

별이의 갑작스러운 대답에 세 아이는 다시 당황했다.

"어떤 것?"

"그러니까……."

별이는 턱을 괴고 생각에 잠겼다.
"예를 들어, 내일도 분명히 해가 뜰 거라는 거 말이야."
"네가 그걸 경험해 보지 않고 알 수 있다고?"
동민이가 이상한 질문이라는 듯 별이를 바라보았다.
"그럼. 매일 해가 뜨는 건 불 보듯 뻔한 사실이니까."
별이가 큰 소리로 대답했다.
"잘 생각해 봐봐. 옛날부터 해는 어김없이 떴고 어제도 떴고, 오늘도 뜬 것으로 미루어 보면, 내일도 해가 뜨는 건 당연한 거 아니야?"
그러자 동민이가 의기양양한 표정으로 설명했다.
"그건 단지 우리가 지금까지 해가 떴다는 것을 경험했기 때문에 예측할 수 있었던 거라고. 그렇기 때문에 내일도 해가 뜰 거라고 확실히 말하려면, 내일 해가 뜨는 것을 보고 난 후에야 가능한 거야."
동민이의 확실한 설명에 노마도 덧붙였다.
"맞아. 내일 우주에 변화가 생겨서 태양이 없어져 버릴지도 모르는 일이거든. 그러니까 어느 누구도 경험해 보지 않고 미루어 추측해서 내일 해가 뜰 거라고 말할 수는 없는 거야."
"그런가……"
"그렇고말고. 우리가 무엇인가를 알게 되는 것은 오직 경험을 통해서만 가능한 거라고. 예를 들어, '불은 뜨겁다' '고양이는 우유를 좋아한다'는 것처럼 직접 보고 확인함으로써 얻은 지식만이 결코 부정할 수 없는 가장 확실한 지식이 되는 거야."

동민이가 말했다.

"하긴."

별이가 고개를 끄덕였다.

"그러니까 별이야, 시골에 가서 더 많은 경험을 해 보자고, 응?"

노마가 달래듯 부드럽게 말했다.

"좋아!"

"야호!"

노마, 동민, 희재는 환호성을 지르며 서로 얼싸안았다.

"그럼 내일 아침 10시에 놀이터에서 만나자."

경험의 한계

"맴맴, 맴맴……."

"고기를 잡으러 산으로 갈까요!"

매미 소리와 함께 아이들의 우렁찬 노랫소리가 울려 퍼졌다. 노마와 동민, 희재, 별이는 개울가에서 신나게 고기를 잡다가 돌아왔다.

"책에서 볼 때는 플라나리아가 개구리만한 줄 알았는데, 실제로 보니까 실같이 가늘고 작더라."

별이가 아까 고기 잡을 때 바위 틈에서 발견한 플라나리아를 떠올리며 말했다.

"그것 봐. 실제로 보니까 플라나리아에 대해서 확실히 알 수 있잖아."

노마가 기쁜 듯이 웃으며 말했다.

"나는 아까 산에서 본 하얀 장미가 마음에 들더라."

희재가 말했다.

"하얀 장미가 어딨니? 빨간 장미라면 몰라도."

동민이가 말했다.

"분명히 봤어."

"그래? 나는 빨간 장미만 봤는데. 그럼 '장미는 빨갛다'라는 건 사실이 아닌가? 하지만 로크는 경험을 통해서 얻은 지식이 가장 확실하다고 했잖아."

"그러게 말이야. 빨간 장미만 본 사람과 하얀 장미만 본 사람이 장미에 대해서 서로 다르게 주장을 한다면 어떻게 되는 거지?"
별이가 큰 소리로 말했다.
"그럼, 경험을 통해서는 확실한 지식을 얻을 수 없는 건가?"
노마가 말했다.
"그뿐이 아니야. 만약에 바다를 보지 못한 사람은 죽을 때까지 이 세상이 육지로만 되어 있다는 편협한 지식만을 가지게 되지 않겠니?"

존 로크의 초상. 조프리 넬리의 그림

아이들은 저마다 경험이 최선의 지식은 아니라는 듯 의견을 내놓았다.
"또 궁금한 게 있어. 이 세상은 경험으로 알 수 있다고 한다면, 경험보다는 세상이 먼저 있어야 하잖아. 그렇다면 경험을 생기게 하는 이 세상은 어떻게 이루어졌을까? 그것도 경험으로 알 수 있는 걸까?"
희재가 말했다.
"물론 알 수 없겠지."
아이들은 생각할수록 더욱 모르겠다는 얼굴이었다.
"너희들 참 어려운 이야기를 하고 있구나."
"아니, 외삼촌 언제 오셨어요?"
"조금 아까 왔지. 너희들 꽤 심각한 모양이더라. 내가 오는 것조차 모르더구나."

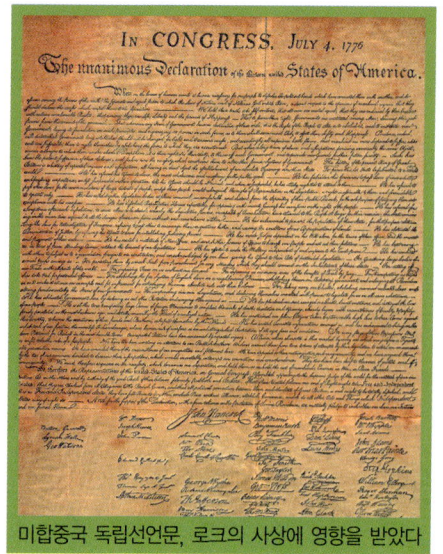
미합중국 독립선언문, 로크의 사상에 영향을 받았다

외삼촌이 조금 서운한 투로 말했다.

"지금 경험이 지닌 문제에 대해서 이야기하고 있었어요."

"경험의 문제라고? 그러니까, 경험의 한계를 말하는구나."

"네. 저희는 경험으로 이 세상의 모든 지식을 알 수 있을 거라고 생각했거든요."

"물론, 경험으로 얻은 지식이 어느 정도 확실하고 믿을 만하다는 건 분명한 사실이지. 그러나 경험만 중요시하다 보면 너희들이 아까 말한 것과 같은 벽에 곧 부딪히게 되지."

"왜 그럴까요?"

"그건 바로 이성의 작용을 소홀히 했기 때문이란다."

"이성요?"

"그건 우리 사람만이 지닌, 사물의 이치를 생각하는 능력을 말한단다. 너희들 구슬 목걸이 본 적 있지?"

"네."

"구슬 목걸이에서 구슬을 경험에 비유한다면, 이성은 바로 구슬을 엮어 주는 실과 같은 거란다. 구슬만 있다고 해서 목걸이가 되는 것은 아닌 것처럼, 경험을 잘 엮고 정리해 주는 이성과 같은 정신의 힘이 있어야 비로소 지식이 성립하는 거지."

"아!"

아이들은 조금 이해가 되는 듯 고개를 끄덕였다.

"경험으로는 편협한 지식만을 얻게 되기 쉽지. 그러나 이성은 경험을 바탕으로 경험한 것들을 정리하고 통일시킴으로써 지식을 얻게 한단다."

"그럼 이성이 경험보다 더 중요하다는 말인가?"

동민이가 혼잣말로 중얼거렸다.

"아니지. 아무것도 없는 상태에서 생각한다는 것은 불가능하지 않겠니? 경험과 이성, 이 두 가지가 모두 중요한 거란다. 마치 두 톱니가 맞물려 돌아가야 기계가 움직이듯 말이다."

외삼촌이 부채를 펴며 말했다.

"비가 오려나. 왜 이렇게 덥지?"

"외삼촌, 더우면 비가 올지도 모른다는 건 경험이에요? 아니면 이성이에요?"

흄
경험을 빼고는 믿을 바가 없다

'덜커덩.'

버스가 구불구불하고 고르지 못한 길을 덜커덩거리며 굴러가고 있었다. 동민이와 노마, 희재 그리고 별이는 즐거웠던 시골 이야기로 시간 가는 줄 몰랐다.

"그런데, 밤에 화장실에 갈 때 얼마나 무서웠는지 아니?"

별이가 아직도 무서운지 몸을 움츠려 보였다.

"왜?"

"귀신이 나올까 봐."

"귀신? 아휴, 세상에 귀신이 어디 있니?"

노마가 별이를 겁쟁이라고 놀렸다.

"왜 없니? 귀신이 정말 있으니까 귀신이라는 말이 있는 거지?"

"그럼 귀신 본 적 있어?"

노마가 물었다.

"아니."

"그럼 없는 거야."

노마가 딱 잘라 말했다.

"치, 그럼 우리가 지금 숨 쉬고 있지만, 산소를 볼 수 없으니까 산소는 없는 거냐?"

희재가 물었다.

"그리고 지금 이 동전을 던지면 중력 때문에 땅에 떨어지는데, 이 중력도 직접 느껴지거나 볼 수 없으니까 없는 거니?"

"하긴 희재 네 말이 맞다. 동전이 땅에 떨어지는 경우, 단지 떨어지는 동전의 변화만을 볼 뿐, 중력을 직접 경험하는 건 아니니까 중력이 손에 잡히거나 볼 수 있는 건 아니잖아?"

노마가 주위를 두리번거리며 말했다.

"그럼 중력의 법칙으로 설명되는 모든 과학도 다 부정되어야겠네?"

별이가 물었다.

"물론이지. 그것뿐 아니라, 과학은 대부분 원

노마의 궁금증

흄

흄은 경험주의 철학의 마지막 완성자로 평가받고 있습니다. 흄은 '이성은 감정의 노예'라는 유명한 말을 남기기도 했는데 감정이 이미 좋은 것을 선택하면 이성은 그것을 정당화하는 역할을 할 뿐이라는 뜻입니다. 그래서 생각으로만 철학을 하는 것을 경계했습니다. 인간의 생각은 선입견으로부터 자유로울 수 없다는 것이 그의 이론이었지요. 흄은 명쾌하게 글을 잘 쓰는 것으로도 명성을 얻지만, 끝까지 대학교수는 되지 못합니다. 그래서 영국변호사 협회 도서관의 사서로 취직하여 도서관에 있던 방대한 저서들을 자료 삼아 유명한 베스트셀러 〈영국사〉를 펴냈습니다. 〈영국사〉로 흄은 역사가로도 명성을 얻게 됩니다.

데이비드 흄의 초상, 알란 램지, 에딘버러

인과 결과에 의해 법칙을 끌어 내지만, 이것이 절대적인 진리는 아니야."

"원인과 결과에 의한 법칙이 진리가 아니라니?"

아이들은 노마의 말을 이해할 수 없다는 듯 되물었다.

"예를 들면, 만약 물을 100도로 가열하면 끓기 시작할 것이라는 것도 원인과 결과로서 당연한 주장인 것 같지만, 아무리 우리가 그런 경험을 많이 했다고 해도 다음번에도 반드시 물이 끓을 거라는 보장은 없는 거라고. 결국 이런 법칙은 단지 우리가 지금까지의 경우에 비추어 의심 없이 무조건 믿어 버리는 신념에 불과한 거야."

노마가 말했다.

"그럼, 원인과 결과의 관계에 근거한 법칙이 진리가 아니라면, 여태까지 밝혀진 과학적 업적이나 그 밖의 학문들도 다 거짓이라는 거니?"

희재가 놀라서 물었다.

"물론! 흄이라는 철학자의 논리에 의하면 그렇지. 경험을 빼고는 아무것도 믿을 게 없을 거라구."

노마가 당연하다는 듯 말하자 나리가 반대 의견을 내놓았다.

"하지만 알고 싶어하는 인간의 호기심과 탐구열이 경험 이상의 것을 요구하기 때문에, 과학을 비롯한 모든 학문도 결국은 우리가 경험할 수 없는 문제들로부터 시작해서 오늘날과 같은 체계를 세운 거잖아. 예를 들면, '세상의 근본은 무엇인가?' 하는 질문에서 결국 원자를 발견하게 된 것처럼."

흄이 살았던 에든버러, 1810

별이도 나리의 말에 덧붙였다.

"맞아. 경험할 수 있는 것만이 참 지식이라면, 우리가 알게 되는 지식의 범위는 얼마나 좁아지겠니. 우리가 경험할 수 있는 부분은 세상 전체에 비해서 아주 적으니까 말이야. 그런데도 이치를 생각하는 우리의 정신 능력, 즉 이성을 부정한다는 것은 인간의 능력을 부정하는 것이잖아."

노마는 계속 흄의 이야기를 했다.

"하지만 흄은 우리 정신에 미리 주어진 것은 없다고 했어. 우리의 정신이라는 것도 우리가 경험한 수많은 지각의 다발에 불과하다는 거야."

노마의 말에 이번에는 희재가 반박했다.

"그건 너무 극단적인 게 아닐까? 그렇게 인간의 능력을 부정하고 단지 피부로 느끼고 보는 것만을 믿는다면 동물과 어떤 점에서 차이가 있겠니?"

동민이도 눈을 동그랗게 뜨고 말했다.

"경험이 우리가 아는 지식의 기초가 되는 것은 확실하지만, 극단적으로 경험만을 중시하는 것은 오히려 인간의 능력이나 과학의 발전에 있어서 바람직하지 못한 거라고."

노마는 그래도 흄의 편을 들었다.

"흄은 뭐든지 확실하게 하자는 뜻일 거야."

"그 말도 맞긴 하지만 경험할 수 없는 것도 있을 수는 있어. 생각해 봐. 안드로메다 성좌에 우리가 경험할 수 없는 별들이 무수히 많이 있지 않겠니?"

별이가 말했다.

"하긴……."

"그렇다면 귀신이 있을지도 모르잖아. 와! 생각만 해도 소름 끼치네."

희재가 몸을 움츠리며 무서운 시늉을 했다.

"어제 저녁에는 글쎄 하얀 옷을 입은 사람이……."

동민이가 음산한 얼굴로 이야기를 꺼냈다.

"덜커덩!"

"으악!"

박사님과 함께

"얘들아, 그건 말이야"

대략 천 년 정도의 기나긴 세월 동안 기독교의 뒷바라지로 지내던 중세 철학이 물러가고 철학은 새로운 시대를 맞이하게 됩니다. 이 '새 시대'에는 기독교에 물들기 이전의 옛날 그리스 문화를 새롭게 꽃피워 보자는 '옛날 문화 되살리기' 운동과, 그 동안 잘못을 많이 저지른 가톨릭을 더 이상 따르지 말고 개개인들이 하느님 앞에 직접 나서자고 하는 '종교 고치기' 운동과, 자연으로부터 새로운 사실들을 알아내려는 '자연 밝히기' 과학 탐구 운동 등이 활발하게 일어났습니다. 이런 분위기 속에서 철학도 새로운 길을 찾기 시작한 것입니다.

이 새로운 철학은 '어떻게 하면 정말로 믿을 만한 지식을 얻을 수 있을까' 하는 문제에 많은 관심을 기울였습니다. 그런데 그 대답은 영국과 유럽 대륙에서 각각 조금씩 다르게 나타났습니다. 베이컨, 홉스, 로크, 버클리, 흄 같은 영국의 철학자들은 그런 지식이 '경험'을 통해서 얻어진다고 생각했고, 데카르트, 스피노자, 라이프니츠 같은 대륙의 철학자들은 '이성'에 의해서 얻어진다고 생각했습니다. 그래서 영국 철학자들의 생각을 '경험주의'라고 부르고 대륙 철학자들의 생각을 '이성주의'라고 부르기도 합니다.

    베이컨은 '아는 것은 힘이다'라고 해서 새로운 지식에 대단한 관심을 나타내었습니다. 그런데 그는 우리가 제대로 아는 것을 방해하는 네 가지의 나쁜 '허깨비'들이 있다고 주의시켰습니다.

    첫째는 사물들도 인간들과 똑같을 거라고 혼동한다든지, 잘못하기 일쑤인 감각을 너무 믿는다든지 해서 사물의 성질을 올바로 보지 못하게 하는 '종족의 이돌라(우상)'라는 허깨비입니다.

    둘째는 각 개인들이 자기만의 특수한 성질이나 자기가 배우고 겪은 것만을 기준으로 생각해서 사실을 제대로 보지 못하게 하는 '동굴의 이돌라'라는 허깨비입니다.

    셋째는 사람들이 서로 교제할 때 사용하는 말이 애매해서 생각에 지장을 일으키게 하는 '시장의 이돌라'라는 허깨비입니다.

    넷째는 잘못된 학설이나 법칙 등을 무조건 받아들여 올바른 판단을 그르치게 하는 '극장의 이돌라'라는 허깨비라고 설명해 주었습니다. 그는 자연을 제대로 알기 위해서는 우선 이런 허깨비들을 물리치고 그런 다음에 '새로운 방법'으로 자연을 탐구하라고 가르쳤습니다. 그가 가르친 새로운 방법이란, 각각의 작은 일들을 하나씩 하나씩 알아낸 다음 올바른 절차를 거치면서 한 걸음씩 꾸준히 착실하게 위로 올라가서 점차 일반적인 원리들을 단계적으로 발견해 나가는 '귀납법'이란 것이었습니다. 이런 방법을 통해서 그는 지금까지의 잘못된 학문에 '대혁신'을 일으키자고 부르짖었습니다.

    베이컨이 다져 놓은 터 위에 경험주의의 깃발을 확실하게 꽂은 사람은 로크였습니다. 로크는 '우리의 지식은 어디에서 생겨나는 걸까?' 하는 것을 알고 싶어했습니다. 우리의 정신은 본래는 아무것도 적혀져 있지 않은 '텅 빈 칠판'이나 '하얀 종이'와 같다고 그는 생각했습니다. 그러니까 본래부터 있는 '타고난 생각' 따위는 아무것도 없다는 것입니다.

그렇다면 우리의 정신을 가득 채우고 있는 수많은 '생각'들은 어디에서 온 것일까? 그는 한마디로 그것은 '경험에서' 온 것이라고 가르쳤습니다. 경험에는 정신 바깥에 있는 것을 알아차리는 '감각'을 통한 '바깥쪽 경험'과, 정신 안에 있는 것을 알아차리는 '반성'을 통한 '안쪽 경험' 두 가지가 있다고도 했습니다.

그런데 이렇게 경험을 통해서 갖게 된 우리의 생각들 중에는 우리가 '감각'이나 '반성'을 통해서 있는 그대로 받아들인 '단순한 생각'들과 우리 정신이 그것들을 비교하고 결합시키면서 새롭게 만들어 낸 '복잡한 생각'들이 있다는 것도 밝혀냈습니다.

그는 또한 생각을 생겨나게 하는 물체 그 자체의 성질들도 연구했습니다. 물체의 성질에는 굳은 것이라든지, 부피가 있다든지, 모양이 있다든지, 움직인다든지, 몇 개라든지와 같이, 어떤 경우에도 그 물체로부터 떼어 낼 수 없는 '근본 성질'이 있고, 색깔이나, 소리나, 맛과 같이 인간들의 감각을 통해서만 알게 되는 '느낀 성질'이 있다고 구별하기도 했습니다.

그는 근본 성질을 '으뜸 성질'이라고 했고, 느낀 성질을 '버금 성질'이라고 했습니다. 그는 또 정치 문제에도 관심이 많아서 국가의 힘을 여럿이서 나누어 가져야 한다는 '권력 분립'을 부르짖는 등 많은 활약을 하기도 했습니다.

이후, 버클리를 거쳐서 흄은 경험주의를 철저하게 펼쳐 나갔습니다. 그는 '우리 인간들의 정신이 어떻게 되어 있는지' 그 정체를 밝혀 보려고 했습니다. 그는 인간의 정신이란 결국 수많은 '지각'들이 모인 '지각의 다발'일 뿐 그밖의 무엇이 따로 있는 것은 아니라고 했습니다. 지각이란 우리 정신에 나타난 것인데, 그것에는 '인상'과 '관념'이라는 두 가지 종류가 있다고 생각했습니다.

인상이란 우리 정신에 방금 나타난 '생생한' 느낌을 말하고, 관념이란 뒤에 남게 된 '흐릿한' 그림을 말한다고 설명했습니다. 그는 로크처럼 인상에도 단순한 것과 복잡한 것이 있고 또 관념에도 단순한 것과 복잡한 것이 있다고 했습니다. 그리고 바깥에서 들어온 인상이 없으면 어떠한 관념도 생기지 않고 따라서 '타고난 관념' 같은 것은 있을 리 없다고 생각했습니다. 인상이 관념으로 다시 나타날 때는 '기억'을 통해서 나타나기도 하고 '상상'을 통해서 나타나기도 한다고 지적해 주기도 했습니다.

그는 또 이렇게 상상을 할 적에 많은 단순한 관념들이 서로 상관 있는 관념들끼리 모여 '합치기'를 해서 복잡한 관념들을 만들어 낸다는 것을 밝히기도 했습니다. 합치기를 할 때는 '비슷한' 것들끼리, '연속된' 것들끼리, '원인-결과 사이인' 것들끼리 합치게 된다고도 했습니다.

그는 특히 많은 철학자들이 문제 삼았던 '원인-결과'라는 것에 대해 깊이 생각했습니다. '원인-결과'라는 것은 한 가지 일이 먼저 일어나고 다음 일이 가까이서 혹은 곧바로 연속해서 '언제나 함께' 일어난다는 것을 여러 차례 반복해서 경험하는 동안 마음 속에 생겨난 '습관'이 만들어 낸 '믿음'일 뿐이지, 본래부터 '원인-결과'가 따로 정해져 있는 것은 아니라고 믿게 되었습니다.

이런 식으로 정신이 최고의 것이라는 것도, 물체가 최고의 것이라는 것도, 모두 다 '꾸민 것'일 뿐이므로 경험을 빼고는 아무것도 함부로 믿어서는 안 된다고 가르쳤습니다. 그래서 그의 입장을 '회의주의'라고 부르기도 합니다.

chapter 3

데카르트

스피노자

라이프니츠

칸트

이성을 중시하는 대륙의 근세철학

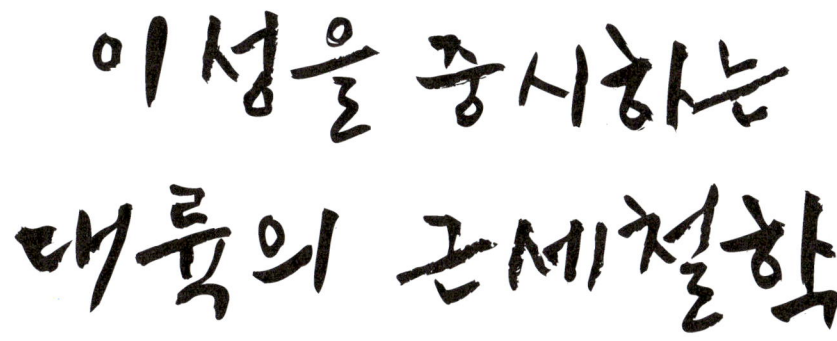

데카르트
나는 생각한다 그러므로 나는 존재한다

"참, 엄마. 돈 좀 주세요."

노마는 저녁 식사를 마치고 방으로 가려다 말고 어머니께 손을 내밀었다.

"전에 말한 미술 숙제 준비물 사려고 그러니? 내일 아침에 주면 안 될까?"

어머니는 노마가 내민 손을 보고 빙그레 웃으며 말씀하셨다.

"준비물 때문이 아니라, 내일 방과 후에 동민이랑 나리랑 같이 영준이네 가기로 했거든요. 영준이가 퇴원한 기념으로 꽃을 사 가려고 하는데 깜박 잊을까 봐 미리 준비하려고요."

"영준이라면 너희 반 '이야기 모임'의 친구 말이냐?"

물 컵을 들고 방에서 나오던 삼촌이 끼어드셨다. 삼촌은 가끔 노마네 집에서 갖는 '이야기 모임'에 참석하기 때문에 그 모임의 친구들을 모두 알고 있었다.

"네, 맞아요."

"영준이가 어디 아픈가 보지?"

어머니가 주머니에서 돈을 꺼내 주시며 말씀하셨다.

"네, 몸살로 잠깐 입원했었어요. 영준이는 워낙 몸이 허약하거든요. 그래서 체육 시간에도 나무 밑에 앉아 구경할 때가 많아요. 또 결석도 잦은 편이에요."

"저런 쯧쯧, 정말 안됐구나. 엄마가 보기에도 영준이는 얼굴이 창백하고 여윈 게 건강해 보이지는 않더구나."

"하지만 너희 모임에서는 가장 열심인 것 같던데? 책도 많이 읽고 생각도 많고 말이야."

"네, 그래서 어떤 때는 샘이 나기도 하지만, 많은 걸 배우게 돼요."

이런 말을 한 노마는 좀 멋쩍은지 씩 웃어 보였다.

"자기 방에 누워 천장만 바

노마의 궁금증

데카르트

데카르트는 위대한 수학자이면서 철학자였습니다. 그는 근대 철학의 아버지라고 불리는데 철학의 주제를 종교로부터 분리시켜 인간 중심의 존재론, 인식론 같은 철학의 분야들을 만들었기 때문입니다. 데카르트는 끊임없는 의심을 했습니다. 특히 감각이나 수학적 지식까지도 의심하다가 더 이상 의심할 수 없는 진리로서 '나는 생각한다, 그러므로 나는 존재한다'라는 유명한 말을 남기기도 했습니다. 또 데카르트는 진리를 증명하는 방법으로 과학에도 많은 관심을 가져 물리학, 의학, 수학 등에도 뛰어난 업적을 쌓아 근대 자연과학의 아버지라고 불리기도 합니다.

라보고 있으려면 한 시간이 스물네 시간 같을 거예요. 그래서 우리가 가서 즐겁게 해 주려고요. 그러니까 아픈 친구를 위해 위문 공연을 가는 거지요."

노마는 자기가 한 말이 재미있는지 싱글싱글 웃었다.

"하지만 삼촌 생각에는 영준이가 그저 멍하니 천장만 보고 있지는 않을 것 같은데."

"그럼요? 엎드려서 방바닥만 내려다보고 있을까요?"

노마가 엎드리는 흉내를 내자 모두 배를 잡고 웃었다.

"그런 뜻이 아니라 어쩌면 영준이는 어린 철학자가 되어 있는지도 모른다는 뜻이야."

"어린 철학자요? 그게 무슨 뜻이에요?"

노마는 좀 어리둥절해서 삼촌께 물었다.

"훌륭한 철학자들 가운데에는 영준이처럼 자기 혼자만의 시간을 많이 가진 사람들이 종종 있기 때문이지. 바로 데카르트 같은 분을 예로 들 수 있어."

"데카르트라고요?"

"그래."

"어떤 분이었는데요?"

어린 사색가 데카르트

노마와 삼촌은 마루에 자리를 잡고 앉았다. 삼촌은 물 컵에 남은 물을 한 번에 다 마시고는 이야기를 시작했다.

"데카르트는 태어난 지 겨우 1년 만에 어머니를 잃었어. 게다가 아주 병약한 아이로 태어났기 때문에 얼굴빛이 창백하고, 마른기침이 그칠 날이 없었지."

노마는 영준이가 생각났다.

"그럼 영준이처럼 결석도 잦고 재미있는 체육 시간에도 구경만 해야 했겠네요?"

삼촌은 고개를 저었다.

"아니, 아예 학교엔 다닐 수도 없었고, 늘 침대에 누워 있어야만 했단다."

"세상에! 데카르트야말로 태어나면서부터 불행했군요."

"그렇게 볼 수도 있지만, 어쩌면 그래서 데카르트는 근대 철학의 아버지가 될 수 있었다고 할 수 있지."

노마는 선뜻 이해할 수 없었다.

"어떻게 병약한 사람이 근대 철학의 아버지가 돼요? 모든 큰일은 건강한 신체에서 비롯된다는 말도 있는데."

"하지만 데카르트는 예외라고 할 수 있어. 모든 사람들은 데카르트

노마의 궁금증

데카르트의 어린 시절

데카르트는 상대적으로 부유한 귀족 집안에서 태어났기 때문에 평생 경제적인 문제로 어려움을 겪지는 않았습니다. 다만 어릴 적부터 몸이 약해서 아무도 그가 오래 살 거라고 기대하지 않았습니다. 데카르트는 어머니를 일찍 여의고 대신 아버지의 보살핌으로 당시 최고의 학교에서 논리학, 형이상학, 기하학, 라틴어, 그리스어 등을 배웠는데, 교장 선생님의 허락을 받아 아침 늦게까지 침대에 누워 있을 수 있었습니다. 그래서 많은 시간을 혼자 생각하고 공부하며 보낼 수 있었지요. 나중에 데카르트는 이때의 아침 시간에 했던 많은 생각들이 자신의 철학과 수학 이론을 뒷받침해 주었다고 말하기도 했습니다.

가 일찍 죽으리라고 생각했지. 그래서 그는 학교에 다니기 위해 일찍 일어날 필요도 없었고, 자기만의 방을 가질 수 있게 되었지. 그래서 어려서부터 침대에 누워서 생각하는 습관이 생겼고, 그것이 평생 동안 이어져 결국 위대한 철학자가 된 거야."

노마는 어린 데카르트가 침대에 누워 있는 모습을 상상해 보았다.

"그럼 만약에 데카르트가 저처럼 튼튼했다면 철학자가 아닌 운동선수가 됐을지도 모르겠네요?"

삼촌은 미소 지으며 다시 고개를 저었다.

"글쎄, 병약했던 것이 반드시 데카르트를 철학자로 되게 한 건 아니지만, 철학함에 있어서 가장 기본이 되는, 생각하는 습관을 어려서부터 갖게 된 중요한 원인은 될 수 있었지."

"그럼 데카르트는 평생 학교 문턱에도 못 가 보고 침대에서만 살았나요?"

"그런 건 아니었어. 몸이 조금 좋아지자 열한 살부터 열아홉 살까지 예수회의 대학교에서 교육을 받았단다."

"그럼 그때부터 데카르트는 철학에 관심을 갖고 연구하기 시작한 건가요?"

노마는 점점 데카르트의 학문 과정에 대하여 호기심이 생기는 모양이었다. 그런 노마의 모습이 기특한지 삼촌은 자세를 가다듬으며 노마를 흐뭇하게 바라보았다.

삼촌은 데카르트가 어떻게 공부했는지 이야기를 시작했다.

"물론 철학 공부를 하기는 했지만, 젊은 데카르트가 많은 관심을 기울인 분야는 사실 철학이 아니었어."

"그럼요?"

"바로 수학과 물리학 등의 과학 분야였지. 그리고 데카르트는 무엇보다도 기하학을 깊이 연구해 많은 책을 써서 해석 기하학의 기초를 마련했단다."

"데카르트는 젊었을 때 과학 분야에 더 큰 매력을 느꼈던 거로군요?"

삼촌은 고개를 끄덕였다.

"그렇지. 젊은 데카르트는 철학자들의 저술은 대부분 소득이 없고, 새로운 과학자들 특히 갈릴레이의 발견이 눈부시게 일깨워 주는 것이 많다고 생각했단다."

"그렇다면 정말 이상해요."

노마가 고개를 갸우뚱했다.

"뭐가 이상하니?"

"그토록 과학에 관심을 쏟은 데카르트가 어떻게 근대 철학의 아버지가 될 수 있었지요?"

삼촌은 친절하게 대답했다.

"그건 데카르트가 수학이나 과학이 갖는 명확성을 높이 평가하고, 이러한 과학을 통해 새로운 철학을 수립하는 것을 자신의 책임이자 위

노마의 궁금증

수학자 데카르트

그래프를 그릴 때 배우는 좌표는 데카르트가 처음 생각해 낸 것입니다. 여느 날과 마찬가지로 침대에 누워 있던 어느 날, 데카르트는 천장에 붙어 있는 파리가 움직이는 것을 보고 파리의 위치를 어떻게 설명할 수 있을까를 고민하던 중 '좌표'를 구성하게 되지요. 좌표란 직선, 평면, 공간에서 점의 위치를 나타내는 수의 짝을 말하는데 보통 (x,y)라고 표현됩니다. 파리가 움직이면 x의 값이 변하면서 y의 값이 따라서 변화하게 되고 그러면 파리의 움직임을 수학적 식으로 표현할 수 있는 것이지요. 이 좌표를 이용하면 직선뿐만 아니라 원, 타원 등과 같은 도형도 모두 식으로 나타낼 수 있는데 이것을 해석기하학이라고 합니다.

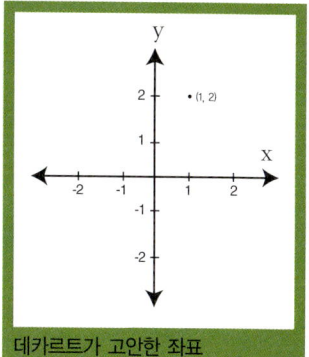

데카르트가 고안한 좌표

대한 사업으로 생각했기 때문이지."

"새로운 철학이란 대체 어떤 것이지요?"

"그것은 거추장스러운 전통의 굴레를 벗어나서 새로운 과학이 이룩한 업적을 정당화하는 것이었지. 또 그와 동시에 보다 큰 과학 발전의 길을 닦고 현재와 미래의 모든 과학적 지식을 철학의 체계 안에 자리잡게 하는 것이었어."

"그래서 결국 데카르트가 도달한 결론은 철학이었군요."

노마는 이제 이해할 수 있을 것 같았다.

"그렇지. 데카르트는 아주 큰 계획을 품고 있었어. 그것은 바로 모든 학문을 오직 하나의 학문의 나뭇가지로 나타내려는 놀라운 것이었지. 데카르트는 철학을 커다란 나무에 비유하여 뿌리는 형이상학, 줄기는 물리학, 다른 모든 학문은 가지를 이룬다고 했단다. 그리고 이것을 기초로 해서 많은 연구를 했던 것이고."

노마는 머리 속으로 데카르트가 열심히 물을 주고 있는 나무 그림을 그려 보았다.

르네 데카르트, 프란스 할스의 그림

데카르트의 책 《인간론》 속의 삽화, 1677

"그럼 데카르트는 과학을 존중하고 신뢰한 철학자라고 할 수 있겠군요."
"그렇다고 할 수 있지. 데카르트는 어떤 학습보다도 실험을 신뢰했거든. 심지어는 도살장에서 짐승의 시체를 사다가 직접 해부까지 했단다. 한 번은 어떤 낯선 사람이 데카르트의 서재를 보여 달라고 했는데, 데카르트가 어떻게 한 줄 아니?"
"글쎄요……, 아마도 실험 기구로 가득 찬 실험실을 서재라고 하며 보여 주었겠지요."
"반은 맞췄다. 바로 반쯤 해부된 송아지를 가리키며 '저것이 나의 책입니다'라고 했단다."
노마는 그 광경을 상상하자 징그러웠다.

"어휴, 제가 그걸 보았다면 아마 그 자리에서 기절했을 거예요."

노마의 진저리치는 모습에 삼촌은 킥 웃었지만 곧 다시 진지한 목소리로 이야기를 시작했다.

"하지만 그보다 데카르트가 더욱 믿음직스럽게 생각한 게 뭔지 아니?"

"글쎄요, 잘 모르겠는데요."

"바로 자기 자신의 철학적 성찰이야."

노마가 자신있게 말했다.

"아! 혼자 어떤 문제를 놓고 깊이 생각하고 따져 보는 사색 말이지요?"

"맞아."

"그렇다면 데카르트가 그런 철학적 성찰이나 사색을 통해 이룬 업적은 뭐지요? 혼자 생각만 하다가 말았나요?"

"아니지. 데카르트는 자신의 '방법적 회의'를 통해 진리를 발견하기 위한 길을 우리에게 제시해 주었지."

"그게 뭐기에 그의 중요한 업적이 되었지요?"

"데카르트는 우리를 둘러싼 세계를 감각적인 경험을 통해 아는 것은 믿을 만한 것이 아니라고 보았단다."

노마는 머릿속이 다시 혼란스러워졌다.

"하지만 우린 눈, 코, 귀 등의 감각 기관이 없이는 어떤 것도 알 수 없잖아요."

삼촌은 차근차근 설명했다.

"하지만 감각은 가끔 사람을 속일 때가 있지. 또 그것이 절대적으로 옳다면 모든 사람들이 경험한 결과가 똑같아야겠지만, 그렇지 않다는 것을 알지 않니? 단지 우리 각자가 감각 기관을 통해 사물을 보고 받아들인 것을 사실이라고 생각할 뿐이야. 즉, 데카르트는 감각적 경험은 우리 마음의 상태일 뿐, 그것이 사실이라는 증거는 없다고 생각한 거야."

노마는 이해하려고 애쓰며 말했다.

"좀 어려운데요? 하지만 예를 들어 '이 사과는 빨갛다'고 할 때, 우리가 보기 전에 빨갛다는 사실이 있기 때문에 그렇게 알 수 있는 거잖아요."

"나는 생각한다, 고로 나는 존재한다."

"그것도 데카르트는 어떤 심술궂은 악마가 우리를 속여서 파란 것을 빨갛게 보이도록 마법을 건 것일지도 모른다고 생각했어. 또 꿈일지도 모르고 말이야."

노마는 저절로 한숨이 나왔다.

"에이, 그건 너무 지나친 의심이에요."

"그럴지도 모르지만, 데카르트는 이러한 의심을 통해 우리에게 커다란 의미를 던져 주고 있단다."

"그게 뭔데요?"

"데카르트는 우리가 감각 경험을 통해 얻은 지식이나 신념 등은 이성을 사용하는 것을 배우기 전에 얻은 것들이라고 보았거든. 그래서 우리의 마음은 부실한 기초 위에 세워진 위태로운 건축물과 같고, 미숙한 화가가 망친 화폭과도 같다고 말했어. 그래서 이성이 제대로 활동하려면 더럽혀진 화폭을 깨끗하게 하고 튼튼한 이성의 기초를 세워야 한다고 생각했단다."

노마는 삼촌이 점점 알 수 없는 말을 하는 것 같았다.

"그것이 모든 걸 의심해 보는 거와 무슨 관계가 있지요?"

"그러니까…… 우리가 아무 비판적 생각 없이 참이라고 믿는 것들을 차근차근 의심해 봄으로써 이성의 빛을 밝게 하고 그 기초를 튼튼히 세울 수 있다고 본 거야. 하지만 단 한 가지 의심할 수 없는 그 무엇을 데카르트는 발견했지."

"그게 뭔데요?"

"바로 의심하고 있는 나 자신, 그러므로 나는 존재한다는 사실이지."

"어디서 들어 본 것 같기도 한데……."

삼촌이 기억하려고 애쓰는 노마를 보고 빙그레 웃으며 말했다.

"그럴 거야. 아주 유명한 말이니까. '나는 생각한다 그러므로 나는 존재한다'라고 말이야."

노마는 그제야 무릎을 쳤다.

"아, 맞아요, 맞아! 그런데 왜 그것만은 의심할 수 없는 사실이지요?"

"왜냐하면, 모든 걸 의심한다면 의심한다는 것 자체는 분명한 사실 아니겠니? 그렇다면 의심을 하고 있는 나 자신이 있다는 것도 사실이 되는 것이지."

노마는 뭔가 이해할 수 있을 것 같았다. 하지만 여전히 알쏭달쏭해서 삼촌에게 질문했다.

"그렇군요. 그럼 데카르트의 의심은 어떤 가치가 있을까요?"

"바로 확실한 나의 존재를 통해 의심의 가능성이 있는 것을 의심해 봄으로써 이성을 올바로 사용하고 진리를 찾기 위한 방법으로 큰 가치가 있는 거지. 단지 의심을 위한 의심이 아니기 때문에 '방법적 회의'라고 한 거야."

"알쏭달쏭한데요? 아무튼 데카르트는 책도 아주 많이 쓰고 유명했겠네요?"

삼촌은 고개를 끄덕였다.

"물론이지. 하지만 후세 사람들이 그의 사상을 알 수 있었던 많은 부분은 그와 많은 지식인들이 나눈 편지에 담겨 있단다. 우린 그의 고독한 생활을 큰 축복으로 알아야 할 거야. 아주 가까운 친구 외에는 집 주소도 가르쳐 주지 않고, 대화보다는 편지로 생각을 전하고 나눈 것을 말이야.

"그러니까 많은 사람들과 사귀며 이야기하기보다는 편지를 통해 그의 사상을 많이 전한 거로군요."

"그렇지. 하지만 나중엔 그러한 고독한 생활을 포기했고 스웨덴으로 건너가면서 그의 생애는 막을 내리게 되었지."

"스웨덴에는 왜 갔는데요?"

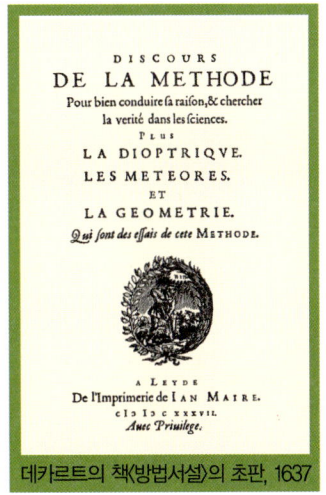

데카르트의 책《방법서설》의 초판, 1637

스웨덴 여왕과 데카르트

삼촌은 목이 말랐던지 물 컵을 들고 일어났다. 노마는 얼른 일어나 부엌에서 보리차가 담긴 물병을 들고 왔다.

"눈치 빠르구나. 고맙다. 그나저나 데카르트 얘기가 재밌니?"

"당연하죠. 어서 스웨덴에 간 데카르트 얘기도 해 주세요."

삼촌은 물을 마시고 이야기를 계속했다.

"스웨덴의 여왕 크리스티나가 데카르트에게 자신의 철학 교사가 되어 주기를 간절히 청했기 때문이었지. 물론 데카르트는 처음에는 무척 망설였단다."

"그건 또 왜지요?"
"여왕의 선생님이 되어 궁으로 가게 되면 자신이 진리 탐구를 위해 사색할 수 있는 자유를 빼앗기기 때문이었지."
"하지만 결국 데카르트는 여왕의 청을 거절하지 못했군요."
"그렇지. 평소에 친분이 있어 편지 왕래도 있었거든. 하지만 데카르트가 스웨덴으로 가기로 결정한 데는 다른 이유도 있었단다."
"그게 뭔데요?"
"네덜란드에서 점점 유명해지자 데카르트는 반대파들 때문에 숨어 지내야 했단다. 그래서 스웨덴으로 건너가는 것이 더 안전하다고 생각한 거지.
"하지만 데카르트에게는 더 좋은 기회가 되었겠네요? 여왕과 함께 자유롭게 공부할 수 있었을 테니 말예요."
삼촌은 어두운 표정을 지었다.
"그럴까? 하지만 데카르트가 스웨덴으로 간 것은 안 좋은 선택이었어."
"왜요?"
"작곡과 시에 뛰어난 재능을 가졌던 데카르트는 철학과 관계 없이 여왕을 위해 발레곡을 만들거나 시를 지어야 했단다. 게다가 데카르트는 아침 늦게까지 자는 습관이 있었는데, 새벽 5시부터 여왕과 철학 수업을 해야 했으니, 약한 몸으로 얼마나 고생스러웠겠니?"
"정말 그랬어요?"

"게다가 스웨덴의 날씨는 혹독하게 추워서 데카르트에게 폐렴을 안겨 주었고, 결국 죽음으로까지 몰아갔단다."

노마도 추운 것을 정말 싫어했기 때문에 데카르트의 마음을 잘 이해할 수 있을 것 같았다. 그리고 데카르트의 죽음이 너무 안타까웠다.

"정말 안타깝군요. 아직 해야 할 일이 많았을 텐데……."

"데카르트는 죽기 전에 여러 번 스웨덴으로 국적을 옮기라는 청을 받았지만, 끝까지 거절했지. 하지만 스웨덴에서 죽음을 맞이해 조국인 프랑스에는 유골이 되어서야 돌아올 수 있었단다."

삼촌의 말씀을 듣고 난 노마는 스웨덴으로 건너간 데카르트가 원망스럽기까지 했다.

노마는 삼촌과 함께 대화를 나누며 데카르트를 좀 더 잘 알게 되었다. 그의 고독한 철학적 사색과 그것을 통해 모든 학문의 진리를 발견해 보려 한 데카르트. 하지만 데카르트가 스웨덴으로 건너간 것은 정말 안타까웠다.

스웨덴의 추운 날씨에서 병약한 데카르트는

노마의 궁금증

스웨덴에 간 데카르트

데카르트의 평판을 들은 스웨덴의 크리스티나 여왕이 몇 달에 걸쳐 데카르트를 초대했고, 마침내 데카르트가 스웨덴에 갈 때는 군함으로 호위까지 해 줄 정도였습니다. 스웨덴에서 데카르트는 새벽 5시에 일어나 여왕에게 5시간씩 철학을 강의하는 생활을 일주일에 5일 동안 했으며, 여왕의 명령으로 희극과 시를 쓰기도 했고 스웨덴 왕립 학술원을 세우기 위해 준비하기도 했지요. 데카르트는 10월에 스웨덴에 건너갔는데 이런 무리한 생활로 결국 다음 해 2월 폐렴으로 숨을 거두었습니다. 데카르트는 마지막에 '지금 내게 필요한 것은 휴식뿐이다'라는 말을 남겼다고 합니다.

크리스티나 여왕

얼마나 춥고 외로웠을까? 만약에 그 마법의 철학책이 있었다면 당장 찾아가 말렸을 텐데……. 그 책은 도대체 어디로 사라진 것일까? 그리고 왜 없어진 걸까?

스피노자
하느님 = 자연

"기오야!"

학교가 파하고 나리, 동민이와 같이 집으로 오던 노마는 앞서 가던 기오를 보고 큰 소리로 불렀다.

"형!"

기오가 반갑게 뒤돌아서며 대답했다.

"응? 웬 책가방이 둘씩이나 되니?"

노마가 기오의 어깨에 매달린 가방 두 개를 보고 이상하다는 듯 물었다.

"이거 승훈이 거야."

"아, 그 덩치 큰 애. 그런데 왜 네가 메고 있니?"

"사실은……."

기오는 머뭇거리다가 곧 억울한 사정을 털어 놓았다.

"이번 주에 승훈이랑 나랑 당번이었는데, 승훈이는 다른 애들보다 일찍 오기는커녕 다른 때보다 훨씬 늦게 왔어. 그것도 일주일 내내. 그런데 미안해하기는커녕 뻔뻔스럽게도 다른 사람에게 이야기하면 혼날 거라고 그랬어. 그런데 문제는 승훈이가 우리 반에서 제일 힘이 세다는 거야. 싫어도 그 애 말이라면 다 들어야 해. 안 그럼 끝까지 쫓아다니며 괴롭힐 거야."

"그래서 책가방까지 들어 준단 말이니?"

노마는 어깨가 축 늘어진 기오를 보고 있자니 화가 치밀었다.

"이 바보야! 나 같으면 이런 부당한 일을 당하느니 한번 부딪쳐 보겠다."

"소용없어. 어차피 질 게 뻔하고 그러면 우리 반 애들은 나하고 놀지도 않을 거야. 승훈이 눈에 거슬리지 않으려고 말이야."

"아이들하고 안 놀면 좀 어떠냐. 자기 민족에게 추방당하고도 꿋꿋하게 사신 스피노자 같은 분도 있는데."

"뭐, 무슨 피자?"

동민이가 침을 꿀꺽 삼키며 물었다.

"어휴, 참. 피자가 아니라 스피노자라고."

노마의 궁금증

스피노자

스피노자는 네덜란드 암스테르담에서 태어났는데 아버지는 부유한 유대인 상인이었다고 합니다. 그는 유대 교단에서 운영하는 학교를 다녔는데, 아주 뛰어난 학생이어서 주변에서 거는 기대가 아주 컸다고 해요. 하지만 데카르트 철학의 영향을 받아 유대교의 교리에 대해 회의를 느껴 비판적인 생각을 펼치다가 유대 교회의 파문을 받게 됩니다. 유대 교회는 스피노자에게 생각을 바꾸는 대가로 큰돈을 주겠다고 하기도 하고 목숨에 위협을 가하기도 했습니다. 하지만 스피노자는 끝끝내 자신의 태도를 바꾸지 않지요. 그리고 그는 평생 명성과는 거리가 먼 조용한 삶을 살았답니다.

"스피노자?"

"그래. 네덜란드의 유명한 유대인 철학자 말이야."

"그런데 그분은 피자 가게 주인도 하셨냐? 우리 얻어 먹으러 갈까?"

마법의 철학책이 없어진지도 모르는 동민이가 장난처럼 말하자, 기오도 호기심 어린 표정으로 말했다.

"철학자라고? 와! 나는 철학자 하면 금테 안경에 좀 마르고 빛나는 눈을 가진 고상한 얼굴이 생각나던데."

노마는 동민이를 면박 주었다.

"야, 꿈 깨라. 스피노자는 그런 먹는 것과는 거리가 먼 분이라고. 조그만 다락방에서 렌즈 깎는 일이 직업이었거든."

"렌즈를 깎아? 렌즈 깎는 것과 철학이 무슨 관련이 있니?"

나리가 눈을 동그랗게 뜨고 물었다. 노마는 자신있게 설명했다.

"사실 그분은 부유한 상인의 아들로 태어났지만, 장사보다는 종교와 역사를 공부한 우수한 학자였지. 그래서 사람들은 스피노자가 장차 유대 민족과 교회에 큰 빛이 될 사람이라고 기대했어. 그런데 스피노자는 유대 교회에서 모순점을 발견하고 그걸 부정하게 되었어. 그래서 스피노자는 결국 종교 절차에 따라서 파문되었지."

"파문이라니?"

"교회로부터 쫓겨났다는 거야. 그러니까 자기 민족으로부터 추방당한 거지. 파문당한 후부터는 누구하고도 이야기를 해서는 안 된다고 했지. 가까이 다가가도 안 되고 또 구원받지 못할 거라는 저

주도 받았어. 심지어는 아버지도 그를 받아들이지 않아 집에서도 쫓겨나고 말았대."

동민이가 고개를 절레절레 흔들었다.

"그건 너무 끔찍한 벌이야. 나 같으면 그런 말 한 적 없다고 일찌감치 시치미를 뗐을 거야."

"물론 사람들은 스피노자에게 그가 한 말을 취소하면 돈과 명예를 준다고 제안했어. 하지만 스피노자는 그 제안을 거절하고 파문을 받아들인 거야."

"사람이 너무 똑똑해도 탈이라니까. 그냥 다른 사람들처럼 소리 없이 살 수도 있을 텐데……."

"그러게 말이야. 더구나 괴한에게 습격을 당해서 죽을 뻔했는데, 목숨보다 중요한 게 또 있을까?"

"스피노자는 목숨보다 중요한 게 있다고 생각했어. 바로 자신이 옳다고 믿는 진리를 지키기 위해 타협하지 않는 것이야. 참 굳센 신념을 가졌지."

"하지만 그 대가가 고작 사람들을 피해서 렌즈나 깎는 거야?"

나리가 말도 안 된다는 듯이 말했다.

"그래, 친구도 없이 렌즈나 깎는 일이 얼마나 외롭고 지겨웠겠니?"

"그렇지만 그런 고독과 외로움 속에서 스피노자의 심오한 철학이 완성된 건지도 모르지."

"그렇지 않아. 오히려 여러 사람들과 어울려 많은 대화를 했더라면 더 깊은 철학이 만들어졌을지도 모르는 일이라고."

독일 하이델베르그 대학교, 스피노자를 초청한 곳으로 대학 건물은 시내 여러 곳에 흩어져 있다

"글쎄, 내가 알기로는 스피노자는 대학 교수로 초빙되었지만 진리 탐구에 방해가 된다고 거절했대. 그걸 보면 스피노자는 고독한 사색을 통해서 진리를 발견하는 걸 더 좋아했나 봐."
노마가 말했다.
"대학 교수로 초빙까지 받았다고? 파문당한 사람이었는데?"
동민이가 이상하다는 듯 고개를 갸웃거리며 말했다.
"물론 스피노자는 파문당했지만 그의 굽힐 줄 모르는 진리 탐구에 대한 신념은 결국 여러 사람을 감동시켰고, 많은 사람들로부터 존경을 받게 되었어."
"아, 그러니까 그때 스피노자가 돈과 명예에 굴복하지 않은 게 오히려 철학의 역사에 이름을 남긴 영광을 가져온 거구나."
나리가 손뼉을 치며 미소를 지었다.
"그래, 자신이 옳다고 믿는 진리를 위해 어떤 것과도 타협하지 않은 스피노자의 굳은 신념이 결국 그의 훌륭한 철학과 철학자로서의 명성을 이룬 거야."
"어때, 기오야! 너도 부당하다고 생각되는 일에는 뒤로 물러서지 말고 한번 부딪쳐 봐."
노마의 말에 동민이가 기오의 어깨를 톡톡 두드리며 말했다.
"알았어. 그 대신 우리 반 애들이 나하고 안 놀면 형들이 꼭 대신 놀아 줘야 해. 난 외로운 건 싫거든."
기오는 이렇게 말하며 기가 막히다는 표정을 짓고 있는 노마 옆을 지나 힘차게 걸어갔다.

불행에서 벗어나는 길

"동민아, 빨리 와서 점심 먹어."

노마는 점심 시간이 되자마자 도시락을 꺼내 놓고 아이들을 불러 모으기 시작했다.

그런데 동민이는 다른 날과는 좀 다르게 시무룩하게 앉아 있었다.

"왜 그래?"

나리도 이상하다는 듯 동민이를 바라보았다.

"아, 내가 어제 왜 그랬을까?"

동민이는 머리를 감싸며 괴로워했다.

"사실은, 어제 우리 동네 시립 도서관에서 인형극을 보여 준다고 하기에 서둘러 갔었어. 그런데 아이들이 벌써 꽉 차 있었어. 마침 빈 자리가 하나 있길래 앉으려고 하는데, 어떤 아이도 그 자리에 막 앉으려는 참이지 뭐야. 그래서 그 아이와 나는 서로 먼저 왔다고 싸우게 됐어. 그때 나는 너무 흥분해서 그만 심한 말을 했지 뭐야."

"그럴 수도 있지 뭐."

노마가 동민이를 위로했다.

"그런데 그 아이가 알고 보니 우리 옆집에 새로 이사 온 아이지 뭐니. 아, 이제 어떻게 그 애 얼굴을 보지? 다시 돌이킬 수만 있다면……."

동민이는 세상에서 가장 불행한 듯한 얼굴을 했다.

"그만 걱정해. 네가 싸운 건 운명이라고 생각해."

"아, 그때 조금만 참을걸."

"지금은 그런 생각이 들지만, 그때는 그렇게 할 수밖에 없었던 거야. 스피노자의 말처럼, 이 세상에서 일어나는 모든 일은 반드시 그렇게 되는 것이고 피할 수 없는 거라고."

"하지만 운명이니 팔자니 하는 말들이 사람들을 더 불행하게 하는 게 아니니?"

나리의 말에 노마는 스피노자에 대한 설명을 시작했다.

"스피노자의 말에 따르면, 사람은 두 가지 무지 때문에 불행하대. 첫째는 나를 너무 작게 생각하는 무지고, 둘째는 세상에서 일어나는 모든 일은 피할 수 없다는 이치를 모르기 때문이래."

"나를 너무 작게 생각하다니? 나는 우리 반에서 그래도 키가 큰 편인데."

동민이가 거울에 자신의 키를 비춰 보며 물었다.

"그게 바로 불행의 원인이라고. 우리는 이 작은 키를 가진 육체만을 우리 자신이라고 생각하지."

"그럼 내가 거인처럼 커져야 행복한 거니?"

"그런 게 아니야. 동민아, 너 며칠 전에 우리 반이 축구 대회에서 우승했던 일 생각나니?"

"그럼. 그때는 우리 반 모두가 하나가 되어서 열심히 응원했지."

"그래. 그때 우리 반 30명은 마치 하나가 된 느낌이었어."

나리가 기억을 더듬으며 말했다.

"그게 바로 내가 확대되었다는 거야. 내 속에는 이미 우리 반 30명 모두가 있었으니까 말이야."

"그럼 우리나라 선수가 올림픽에서 금메달을 땄을 때 우리 민족을 자랑스럽게 느끼는 것도 바로 확대된 나란 말이구나."
"그렇다면 나는 우리나라뿐만 아니라, 전 세계, 전 우주까지 확대될 수도 있겠네."
"그렇지. 그러니까 너와 나는 확대된 나 속에서는 바로 하나가 되는 거지. 그런데 그걸 모르기 때문에 나와 너를 구분해서 서로 자리 다툼이나 시기, 질투와 같은 어리석은 일을 하게 되는 거지. 마치 같은 나무의 여러 잎이 서로 좋은 자리를 다투는 격이지. 그리

고 때문에 불행을 겪게 되는 거고."

노마가 도시락을 만지작거리며 차분히 말했다.

"내가 전 우주까지 커질 수 있다니, 기분이 괜찮은데."

동민이는 기분이 좀 나아졌는지 얼굴이 밝아졌다.

"그런데 두 번째 무지는 좀 이해가 안 가. 세상 일이 미리 정해진 대로 진행될 수 있을까?"

나리가 끼어들었다.

"그래. 사람에게 정해진 운명이란 없는 거야. 노력과 인내로 운명을 개척해 나가는 것뿐이야."

"하지만 아무리 노력해도 이루어지지 않는 일도 있고, 근심하고 걱정해도 죽는 걸 막을 수 없는 걸 보면 세상에는 분명히 피할 수 없는 힘이 있어."

"그럼 우리는 팔자 타령이나 하면서 체념해야 된다는 말이니?"

나라의 질문에 노마가 대답했다.

"그건 아니지. 앞날을 근심하고 걱정하기에 바빠서 현재를 헛되이 보내기보다는 과거를 거울 삼아 미래를 계획해야 한다는 것이지."

"하긴 하루 종일 어제 일을 후회하고 내일 옆집 아이를 만나면 어떻게 하나 걱정하는 것보다는, 앞으로 다시는 경솔하게 싸움하지 않겠다고 결심하고 옆집 아이에게 사과하는 방법을 생각하는 게 훨씬 마음이 편하겠지."

동민이가 다시 밝은 얼굴로 말했다.

"동민아, 이제 밥 먹자."

'딩동댕.'

그러나 이미 수업 종이 울리고 말았다.

"야, 너 때문에 밥도 못 먹었잖아."

"화 내지 마. 너랑 나랑은 알고 보면 하나니까 말이야."

동민이가 울상이 된 노마와 나리의 어깨를 두드리며 달랬다.

아이들은 다시 수업 준비를 시작했다.

사유와 연장

"아유, 배 아파."

나리가 배를 문지르며 힘없이 걷고 있었다.

"왜 그래? 배 아프니?"

"응, 요즘 시험 기간이어서 신경 좀 썼더니 소화가 잘 안 돼."

"참 이상하다. 머리를 쓰는데 왜 배가 아파?"

동민이가 이해가 안 간다는 듯 고개를 갸우뚱했다.

"그건 그만큼 정신과 육체가 밀접한 관계를 가지고 있다는 말이야. 독한 약을 먹으면 정신이 혼란스러운 것처럼."

"아! 갑자기 스피노자의 말이 생각나네."

갑자기 노마가 큰 소리로 말했다.

"그분이 무슨 말을 했는데?"

"그러니까, 이 세상은 육체와 정신처럼 눈에 보이는 현상(연장)과 머릿속의 생각(사유)으로 이루어졌다는 거지."

"피, 그럼 식물도 느끼고 생각할 수 있다는 말이니?"

"아니, 모든 생물이 정신을 가지고 있다는 말이 아니라, 자연계의 모든 존재는 연장과 사유라는 두 가지 측면을 가지고 있다는 말이야. 그리고 그게 곧 하느님이라는 거고."

"잘 모르겠는데……."

"예를 들어, 물이 범람하는 현상을 우리는 홍수라고 하는데, 그때 물이 범람하는 현상은 연장이고 홍수는 사유를 뜻하는 거지. 즉, 존재하는 사물을 보고 머릿속에 떠올린 생각을 사유라고 할 수 있지."

"그렇지만 연장과 사유는 말만 다르지 결국 똑같은 것을 뜻하잖아. 물이 넘치는 현상이나 홍수나 같은 거니까 말이야."

"그래서 자연에 존재하는 사물들은 연장의 각도에서 보나 사유의 각도에서 보나 같은 거라고."

"아휴, 헷갈려. 야, 노마야, 우리 그 스피노자 아저씨를 직접 찾아가 보자."

성질 급한 동민이가 제안했다. 노마는 갑자기 난처해졌다.

노마의 궁금증

스피노자에 대한 평가

스피노자는 철학자로서 완전한 삶을 살았다고 볼 수 있습니다. 그의 철학은 절대 주변의 환경이나 조건에 흔들리지 않았습니다. 그는 생각만 바꾸면 유대의 지도자가 될 수도 있었고, 유명한 대학 교수도 될 수 있었으며, 막대한 기부금을 받을 수도 있었습니다. 하지만 그는 그의 철학에 따라서만 일생을 보냈지요. 그에 대한 평가는 그가 죽은 후에도 한동안 비판적이었는데 어떤 철학자는 그의 철학을 '세상에서 제일 터무니없는 이론'이라고까지 했습니다. 다만 독일의 괴테 등 문예가들만이 그를 높이 평가했습니다. 그러다가 19세기에 이르러서야 많은 철학자들의 그의 철학에 대해 연구하기 시작했습니다.

베네딕투스 드 스피노자

'그걸 말해야 하나, 말아야 하나…….'

노마가 머뭇거리고 있자, 동민이가 다그쳤다.

"왜 그래? 노마야. 간단하잖아."

"응, 그런데 그게……."

"왜? 무슨 일이 있어?"

나리가 물었다. 노마는 숨겨 봐야 어쩔 수 없다고 생각하고 자초지종을 설명했다.

"뭐라고? 어느 날 갑자기 없어졌다고?"

나리와 동민이가 펄쩍 뛰며 놀랐다.

"잃어버린 건 아니고?"

"그건 절대 아니야. 내가 어떻게 간직했는데."

"그렇다면 왜 없어졌을까?"

"지금으로선 나도 알 수가 없어."

노마가 힘없이 대답했다.

"그렇다면 베이컨이랑 로크랑 그분들 철학은 어떻게 다 안 거야?"

나리가 궁금한 듯 물었다.

"그건 삼촌한테서 배운 거지. 그리고 책에서도 읽었고. 왜 있잖아? 〈어린이 철학사〉라는 그 책……. 그리고 또 혼자서도 생각해 봤고."

"응. 어쩌면 그게 처음 그 책을 선물한 여신님의 뜻인지도 모르겠구나."

나리가 말했다.

"무슨 뜻?"

노마가 눈을 동그랗게 뜨고 물었다.
"이제 웬만큼 철학을 알게 되었으니까 혼자서도 한번 해 보라는 뜻이겠지. 왠지 그런 생각이 들어."
"하지만 아직은 더 필요한데……."
노마가 아쉬운 듯 중얼거렸다.
"할 수 없다. 우선 아쉬운 대로 너희 삼촌으로 만족해야지, 뭐."
동민이가 의외로 빨리 마음을 정리한 듯했다.
아이들은 노마네 집으로 향했다.
"알레테이아!"
동민이가 삼촌의 방문 손잡이를 잡고 외쳤다.
영문도 모르는 삼촌이 빙그레 웃으며 맞아 주셨다.
"그래. 육체와 정신에 대해 듣고 싶다고?"
"네."
아이들은 일제히 대답했다. 삼촌은 얼굴 가득 미소를 지었다.
"그럼 우선 데카르트부터 얘기해 줘야겠구나. 데카르트는 그 두 가지, 즉 정신과 물체가 각각 독립된 두 실체라고 생각했지. 실체란……."
노마가 얼른 끼어들었다.
"참된 진정한 최고의 것이요, 맞죠?"
삼촌이 눈썹을 치켜떴다.
"오호? 대단한데? 실체를 다 알다니."
"저희도 이제 반쯤 철학자라구요. 우습게 보지 마세요, 어흠."

노마의 궁금증

스피노자와 태양왕

절대 왕정의 최전성기를 맞아 태양왕이라고 불리고 있던 프랑스의 루이 14세가 스피노자의 궁핍한 생활을 소문으로 듣고 사람을 보내 그를 프랑스로 초청한 적이 있습니다. 루이 14세는 문학과 예술에 대해 관심이 많았다고 알려져 있습니다. 루이 14세의 조건은 스피노자가 쓴 책을 자기에게 달라는 것이었지요. 그렇게 하면 막대한 보상을 하겠다고 약속도 했습니다. 하지만 스피노자는 '학문과 관계없는 사람에게 나의 책을 줄 수 없다'며 한마디로 거절하지요. 왕의 요청을 거절할 정도로 자신의 학문에 대해 자부심이 컸던 스피노자의 꿋꿋한 신념을 엿볼 수 있는 일화입니다.

동민이가 괜히 으쓱거렸다.

"그래. 아무튼 좀 더 정확하게 말하자면 그것이 존재하기 위해서 다른 어떤 것의 도움도 필요로 하지 않는 것을 실체라고 하지. 데카르트는 정신과 물체가 바로 그런 실체라고 했지."

"그리고 정신의 성질은 사유고, 물체의 성질은 연장이고, 그렇죠?"

"그래."

나리가 똑똑하게 정리하자 삼촌이 놀란 표정을 지으며 대답했다. 그때 노마가 스피노자에 관한 이야기를 꺼냈다.

"그런데 저희들은 스피노자의 생각에 대해 더 알고 싶어요."

"스피노자라고?"

"네."

나리와 동민이도 입을 모아 대답했다.

"스피노자는 실체가 오직 하나라고 생각했지."

"그게 뭔데요?"

"바로 '신'이라는 거야."

"그렇다면 정신과 물체는요?"

"스피노자는 정신과 물체가 모두 신 안에 포함되는 것이라고 생각했단다. 그게 바로 '신이 곧 자연'이라는 스피노자의 독특한 철학이지. 소위 '범신론'이라는 생각이란다. 그러니까 자연의 모든 것이 곧 신이고, 따라서 정신이나 물체도 무한한 성질을 가진 신의 일부분이라는 거야."

나리가 정리했다.

"무한한 성질이요? 그럼 정신의 성질인 사유도 물체의 성질인 연장도 모두 신의 성질이 되겠네요?"

"역시 나리가 똑똑하구나."

삼촌이 나리의 머리를 쓰다듬었다. 나리는 슬며시 미소 짓고는 또 삼촌에게 질문했다.

"그럼 아름다운 것도, 큰 것도, 높은 것도, 두꺼운 것도 다 신이 가지고 있는 성질인가요?"

"그런 셈이지."

"여기 있는 이 꽃도, 저기 저 큰 산도, 그리고 저 굵은 나무도 모두 신에 속해 있는 거겠네요?"

"그렇기 때문에 신이란, 이 자연 또는 우주 전체와 같은 것이라고 말한 거지. 바로 이런 생각 때문에 스피노자는 그만 파문을 당하게 된 거야."

동민이가 툴툴거렸다.

"난 또 신이라고 해서 하느님이나 알라신 같은 것을 말하는 줄 알았지 뭐야."

"스피노자로서는 바로 그 하느님이 그런 성질을 가진다고 생각했던 거지. 그러나 아무튼 철학적 신이라는 느낌이 강한 것은 사실이야."

아이들은 삼촌의 방을 나와 헤어졌다.

"안녕, 노마야. 아니 하느님!"

"그래, 잘 가. 하느님!"

"하하하."

"듣고 보니 정말 그렇구나. 그동안 나는 눈에 보이는 신체보다 눈에 보이지 않는 정신의 세계가 더 가치 있다고 생각했었어. 앞으로 시험 공부할 때는 너무 무리하지 말아야겠어."

말을 마친 나리는 파란 하늘을 올려다보았다.

라이프니츠
세계의 기초는 단자

"비커 어딨니?"

이모가 주위를 두리번거리며 비커를 찾았다.

"여기요."

노마가 손에 들고 있던 비커를 이모에게 건네 주었다. 노마는 지금 동민이, 나리와 함께 과학을 전공하는 이모가 실험실에서 물을 만드는 광경을 견학하고 있었다. 세 아이는 물이 생기는 것을 보자 너무나 신기한지 환호성을 질렀다. 그러나 즐겁고 유익한 시간은 눈 깜짝할 사이에 지나고 어느덧 집으로 돌아갈 시간이 되었다. 세 아이는 이모에게 인사를 하고 버스를 타기 위해 정류장에 도착했다. 그 때 동민이가 갑자기 말을 꺼냈다.

"애들아, 아까 실험실에서 본 물은 어디서 온 거니?"

"어휴, 그걸 지금 물어보냐?"

노마가 한심하다는 듯이 동민이를 쳐다보았다.

"산소 원자와 수소 원자가 결합해서 물이 되는 거야."

"아! 그럼 산소 원자, 수소 원자라고 말할 때의 원자라는 것이 이 세상 물질들을 만드는 것이겠구나. 물뿐만 아니라, 나무, 새 등등 말이야."

"그걸 지금 알았니? 너는 원자란 말도 못 들어 본 애 같구나."

나리가 동민이에게 무안을 주었다.

"물론 들어 봤지."

동민이도 지지 않고 말했다.

"그러니까 여태까지 밝혀진 바로는 물질의 근본은 원자라 이 말씀이야."

나리가 말했다.

노마의 궁금증

라이프니츠

어린 시절 라이프니츠는 학교를 다니기도 했지만 아버지가 가지고 있었던 많은 책들로 혼자 공부하는 것을 좋아했습니다. 그래서 많은 지식을 쌓았지요. 라이프치히 대학에서 법학을 공부했지만 라이프치히 대학은 그가 너무 젊다는 이유로 학위를 주지 않았습니다. 그 후 다른 대학교에서 학위를 받고 교수로 초청 받았지만 거절하고 마인츠후국의 외교관이 되었지요. 라이프니츠는 정치가, 수학자, 철학자로서 활발한 활동을 했는데 스피노자와도 잠깐 만난 것으로 알려져 있습니다.

단자론

"그렇지도 않더라. 라이프니츠는 세상의 근본은 단자라고 하던데?"

노마가 나리의 말을 반박했다.

"단자라니?"

동민이가 의아해하며 물었다.

"단자란 말야, 크기도 없고 모양도 없는 단일체를 말해. 그러니까 생명, 영혼, 정신 같은 것을 말하는 거지."

"치, 말도 안 돼. 눈에 보이지도 않는데 어떻게 자연 만물을 구성할 수 있니?"

나리가 납득할 수 없다는 듯 말했다.

"역시 물체는 쪼개 보면 원자들로 이루어진 게 맞을 거야. 그런 작은 원자도 크기는 있는 거라고."

동민이가 나리의 말을 거들었다.

"그렇지만 요즘에는 원자도 쪼개질 수 있다고 하던데, 쪼개질 수 있는 것이 세상의 근본이 될 수는 없잖아. 더 이상 나누어질 수 없는 단일한 것만이 이 세상을 이루는 근본이 될 수 있는 거야."

"원자는 아니더라도 세상의 근본을 이루는 것은 역시 크기가 있어야 하지. 자, 봐. 이 책상도 크기가 있으니까 책상을 이루는 것도 당연히 크기가 있어야지."

"그렇지만 원자나 원자보다 작은 원소들은 크기는 가지고 있을지 모르지만, 스스로 운동할 수도 움직일 수도 없잖아. 그렇다면 어떤 것에 의해서 이 세상이 움직일 수 있겠니?"

노마가 물었다.

노마의 궁금증

중국과 라이프니츠

라이프니츠는 아주 낙천적인 성격이었다고 전해지고 있습니다. 라이프니츠는 구교와 신교를 통합시킬 수 있을 거라는 희망을 버리지 않았고 중국 전체를 전도할 수도 있다고 생각했습니다. 그가 내세운 근거는 자신이 정리한 이론인 이진법이었습니다. 이진법은 0과 1이라는 숫자로 다른 모든 숫자들을 나타내는 것이지요. 라이프니츠는 0은 아무것도 없는 것을 나타내고 1은 신을 나타낸다고 생각했습니다. 신이 아무것도 없는 것에서 모든 것을 창조하는 것을 이진법에 비유해 설명한다면 중국 황제를 설득해 기독교를 전할 수 있을 거라고 생각한 것이에요.

"그럼 라이프니츠는 바로 단자라는 것이 이 세상을 움직이는 힘을 가지고 있다고 주장했단 말이야?"

동민이가 물었다.

"그래. 자연 만물의 진정한 근본 원소는 바로 단자야. 이런 단자들은 원자와는 달리 크기나 모양은 없지만 힘을 가지고 있거든."

"그럼 단자들은 외부로부터 힘을 받지 않고 스스로 행동할 수 있겠구나?"

동민이가 물었다.

"그래. 단자는 어떤 물질적인 것보다도 앞서는 것으로, 라이프니츠는 이것을 정신이라고 표현하기도 했어."

"왜 굳이 단자를 정신이라고 했을까?"

나리가 물었다.

"그러니까 단자는 세 가지 종류가 있지. 첫째는 무의식적이고 분명하지 못하게 세상에 대한 인상을 가지는 단자가 있는데 이것은 물질을 구성한대. 둘째는 기억을 가지고 있고 세상을 아는 단자인데 동물의 영혼을 구성하지. 마지막으로 셋째는 보편적으로 인식하고 자유로운 의지의 단자인데 인간의 정신으로서, 외부 것들에 대해 자발적으로 인식하는 거야."

"그러니까 가장 질적으로 높은 단자가 인간의 정신을 구성하고 있는 거구나."

동민이가 말했다.

"그렇다면 단자들은 서로 어떤 방법으로 만물을 구성할까?"

나리가 물었다.

"라이프니츠는 '단자들은 창문이 없다'라고 표현했어. 이는 단자들은 스스로 행동할 충분한 힘이 있기 때문에, 서로 교류하고 영향을 주기보다는 오히려 독립적이며, 다른 우주 사물들의 영향을 받지 않는다는 뜻이야. 예를 들어 수소와 산소가 결합하여 물을 만들 때 보면 서로 상호 작용을 하는 것 같지만, 실제로는 수소는 산소가 어떤 활동을 하는지 알지 못하거든. 즉, 수소와 산소는 독립적이고, 서로 간섭하지 않는 거야."

노마가 대답했다.

"어, 이상하다. 세상에는 분명히 질서가 있는데, 단자들이 서로 영향을 주고받지 않고 자기들 나름대로 활동한다면 어떻게 질서가 있을 수 있겠니?"

동민이가 이해가 안 되는 듯 고개를 갸우뚱하며 말했다.

"어, 저기 버스가 온다."

그때 나리가 버스가 오는 것을 보고 동민이와 노마를 재촉하는 바람에 대화가 중단되고 말았다.

'단자들은 어떻게 해서 질서정연하고 조화롭게 세상을 이끌어 나갈까?'

노마는 동민이가 던진 이 궁금증을 풀기 위해 생각에 잠겼다.

"동민아, 내일 음악회 끝나고 만나서 다시 이야기하자."

예정 조화

"쿨……, 음냐."

"야! 그만 일어나. 음악회 다 끝났어."

노마가 자기 어깨에 기대어 열심히 자고 있는 동민이를 흔들어 깨웠다.

"야, 역시 음악 하면 베토벤이라니까."

동민이는 이렇게 말하며 박수를 치다가 관객이 다 빠져 나간 텅 빈 객석을 보고는 머리를 긁적이며 얼굴을 붉혔다. 노마와 나리는 한심하다는 듯 그런 동민이를 멍하니 쳐다보았다.

"노마야, 역시 음악은 직접 들어야 해. 이렇게 직접 와서 들으니까 가슴까지 시원한걸."

나리가 먼저 말을 꺼냈다.

"그런데 참 궁금한 게 하나 있어."

"뭔데?"

"바이올린이나 피아노, 오보에 같은 악기들은 분명히 서로 다르잖

노마의 궁금증

라이프니츠 vs 뉴턴

수학 역사에서 라이프니츠와 뉴턴의 미분적분학을 둘러싼 논쟁은 유명합니다. 두 사람이 거의 비슷한 시기에 이론을 발표했기 때문인데, 이를 두고 서로 베낀 것이 아니냐는 논쟁을 하게 됐지요. 이 논쟁은 점점 커져 유럽 대륙 대 영국 간의 자존심 싸움으로까지 번집니다. 두 사람의 이론을 자세히 살펴보면 분명 차이가 있는데, 수학적인 면에서는 뉴턴이 뛰어났지만 라이프니츠는 오늘날까지 쓰일 정도로 편리한 기호 체계를 만들었습니다. 결국 현재에는 두 사람이 각각 발견한 것으로 마무리됐지만 영국 학계는 라이프니츠의 기호를 무시했고 그것 때문에 영국의 수학 발전은 백 년 정도나 늦춰지게 되지요.

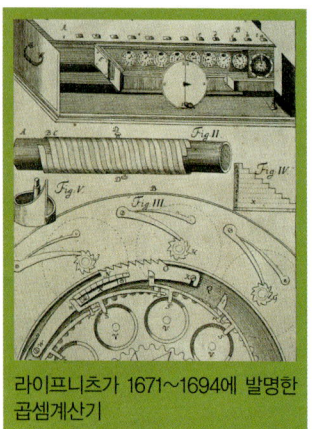
라이프니츠가 1671~1694에 발명한 곱셈계산기

아. 소리, 모양, 모든 면에서. 그런데 서로 어울려서 어떻게 이처럼 좋은 음악을 이루는지 모르겠어."

나리가 무대를 둘러보며 말했다.

"그야, 똑같은 악보가 있고 지휘자가 이끌어 주니까 그런 거지."

동민이가 끼어들며 말했다.

"그러고 보니까, 라이프니츠의 '예정 조화'가 생각나네."

노마가 문득 생각난 듯 말했다.

"예정 조화?"

동민이와 나리가 동시에 외쳤다.

"그래, 예정 조화에 의하면, 각각의 단자들은 신이 정해 놓은 질서에 따라서 조화롭게 활동하도록 되어 있다는 거야. 즉 관현악단에 속해 있는 각각의 악기들이 지휘자와 악보라는 질서에 따라서 아름다운 음악을 만들어 내는 것과 같은 이치지."

노마가 설명했다.

"어, 이상하다. 저번에는 단자들은 창문이 없어서 서로 상호 작용을 하지 않는다고 했잖아. 그런데 이제는 서로 어울려서 조화를 이룬다고?"

나리가 질문을 던졌다.

"그래, 단자들이 상호 작용을 하지 않는 건 사실이야. 마치 바이올린이 연주되는 동안에 다른 악기들이 서로 상관하지 않는 것처럼 말이야. 그런데 음악을 듣고 있으면 마치 서로 조화를 이루기 위해 연주되고 있는 것같이 들리는 이유는 바로 각각의 악기가 같은 지휘자의 지휘에 따라 연주되기 때문이야. 마찬가지로, 각각의 단자들이 조화롭게 행동하는 것처럼 보이는 것도 바로 신이 정해 준 질서에 따라서 활동하기 때문이야."

노마가 분명하게 설명했다.

"그렇지만 누가 나의 행동을 미리 정해 놓았다는 건 기쁜 일은 아니야. 그건 마치 자유롭게 달리고 싶어하는 차를 이 길로만 다니라고 정해 놓는 것과 같거든."

동민이가 팔짱을 끼며 말했다.

"그럼 교통 질서가 없다면 너는 과연 차를 몰고 신나게 달릴 수 있겠니?"

노마가 물었다.

"그러니까……"

동민이는 한참 생각하더니 말꼬리를 흐렸다.

"너도 나도 차를 제멋대로 운전한다면 결국 얼마 안 가서 거리는 엉망이 될 거야. 마찬가지로 단자들도 각자 나름대로 활동하고 움직인다면 이 우주는 얼마나 무질서하겠니? 그렇기 때문에 그런 단자들을 조화롭게 이끌어 가는 질서가 필요한 거지. 그래서 라이프니츠는 예정 조화를 주장한 거야."

노마가 말했다.

"라이프니츠의 심오한 철학이 이 잠꾸러기에게 무슨 소용이 있겠니?"

나리는 아까 열심히 코를 골며 자던 동민이를 떠올리며 짓궂게 놀렸다.

"치, 그게 내 탓이니? 다 신이 그렇게 정해 놓은 건데……."

동민이는 오히려 큰소리를 쳤다.

"뭐라고?"

나리와 노마의 웃음소리가 이미 사람이 다 빠져 나간 음악관에 낭랑하게 울려 퍼졌다.

낙관론

"뭘 그릴까?"

미술 시간이다. 노마는 아까부터 무엇을 그릴지 고심하는 중이었다. 곁눈질로 보니 동민이도 마찬가지인 것 같았다. 오늘의 주제는 '상상화 그리기'인데 노마는 도무지 생각이 떠오르지 않았다.

그때 동민이가 노마를 쿡 찔렀다.

"노마야, 나리 좀 봐. 불러도 대답도 하지 않아."

동민이가 열심히 그림을 그리고 있는 나리 쪽을 가리키며 말했다.

　노마는 나리가 무엇을 그렸는지 궁금했다. 그래서 미술 시간이 끝나면 물어봐야겠다고 생각했다.

　미술 시간이 끝났다. 노마와 동민이는 약속이나 한 듯 나리의 그림을 가로채듯 빼앗아 돌려 보았다.

　"어? 이게 뭐야?"

　노마가 흰 옷에 날개가 달린 사람이 있는 나리의 그림을 보며 물었다.

　"하늘나라를 그린 거니?"

　"아니."

　"그럼?"

빌헬름 라이프니츠, 히노버 박물관

"내가 만들고 싶은 세상을 그렸어."

"그런데 왜 천사들만 있니?"

"내가 만들고 싶은 세상에는 이 세상처럼 악하거나 추하고 나쁜 것은 하나도 없어. 오직 착하고 아름다운 것만 있을 뿐이라고. 알겠니?"

"치, 라이프니츠는 우리가 살고 있는 이 세상이 생각할 수 있는 세상 중에서 제일 좋은 세상이라고 하더라."

노마가 아니라는 듯 고개를 흔들었다.

"그렇다면 라이프니츠는 왜 그렇게 생각했을까?"

동민이가 물었다.

"야! 전지전능하고 가장 좋은 세상이 무엇인지 알고 있는 신이 최선의 세계를 선택해서 만들었으니까 그렇지."

노마가 당연하다는 듯 말했다.

"그러면 악을 싫어하는 완전무결한 신이 왜 악을 존재하게 했을까?"

나리가 노마의 말을 되받아 물었다.

"맞아. 어째서 악한 사람이 오히려 이득을 보고 착한 사람이 불행을 당하지? 그리고 왜 아무런 잘못도 없는데 불구로 태어나서 일생을 비참하게 살아야 하는 사람이 있지? 정말 신이 존재한다면 이 세상에 악은 없어야 해."

동민이도 나리 말에 맞장구를 쳤다.

"악이 있기 때문에 선한 것이 더 고귀하게 빛나는 거야. 마찬가지로 추한 것이 있기 때문에 아름다운 것이 더 아름다울 수 있는 거 아니겠니?"
노마가 대답했다.

"그건 억지야. 고통 받는 사람들에게 과연 선한 것이 더 가치 있을까?"
나리가 노마의 말에 반대하며 나섰다.

하노버에 있는 라이프니츠의 집

"물론 '악'을 따로 떼어 놓고 보면 불쾌한 것이 사실이지만, 만약 악이 없다면 선택의 자유도 있을 수 없고, 또 걱정과 문젯거리가 없다면 이러한 문제를 다루는 인간의 지혜도 필요 없게 되지 않겠니? 결국, 이 세계에 있는 악은 더 가치 있는 세계를 건설하기 위해 꼭 필요한 거라고."
노마가 조용히 말했다.

"그렇지만 나는 역시 괴롭고 나쁜 일을 당하는 건 사양하고 싶은데."
동민이가 정말 싫다는 듯 두 손을 저으며 말했다.

"치, 남을 이해할 줄 모르는 인간의 편협한 눈에는 악이 악으로 보일지 몰라도, 신의 입장에서 보면 악이란 없는 거라고. 다만 우주의 질서를 위해 필요한 하나의 요소일 뿐이지."

노마가 웃으며 말했다.

"라이프니츠의 말대로라면 이 세상에는 걱정거리가 하나도 없을 것 같은데."

나리가 그림을 만지작거리며 말했다.

"그래. 우주는 신의 뜻대로 설계되고 움직이는데 굳이 걱정하고 두려움에 떨기보다는, 하늘의 이치에 맞게 자연스럽고 느긋하게 남을 이해하면서 사는 것이 바로 순리라고."

노마는 이렇게 말하며 나리의 그림에 눈길을 돌렸다. 나리도 역시 자기가 그린 그림을 한참 동안 바라보았다.

"그럼 이 그림은 '상상화'가 아니라 '현실화'라고 이름 붙여야겠다."

나리는 미소를 띠며 그림을 마저 그리기 시작했다.

노마는 창 밖에 펼쳐진 파란 하늘과 평화로운 마을을 바라보았다. 그때 어디선가 라이프니츠의 목소리가 들리는 듯했다.

'역시 이 세상이 가장 좋은 세상이 아니겠니?'

칸트 1
올바른 앎은 어떻게 생기나

"엄마, 제 우표 수집장 못 보셨어요?"

"글쎄다……, 책상 서랍을 찾아보렴."

"어디에도 없는걸요. 아이, 참, 어디에 숨은 거지……."

노마는 울상이 되어 삼촌 방으로 달려갔다. 삼촌은 컴퓨터 앞에 앉아 열심히 일을 하고 있었다.

"삼촌."

"응, 웬일이니? 꼭 벌레 씹은 얼굴을 하고서."

"제 우표 수집장 못 보셨어요?"

"우표 수집장?"

"네, 내일 특별 활동 시간에 취미 생활에 대해 서로 이야기하기로

노마의 궁금증

칸트의 생활

칸트는 독일의 쾨니히스베르크 (현재 러시아 칼리닌그라드)에서 태어나 평생 자기 고향 마을에서만 살았습니다. 그는 건강을 지키기 위해 또 공부할 시간을 벌기 위해 평생 규칙적인 생활을 했습니다. 그런데 칸트는 꽉 막힌 사람이 아니라 재치 있는 사람이어서 그의 강의는 언제나 인기가 많았습니다. 칸트는 지리학도 강의했는데 한 번도 고향을 벗어난 적이 없으면서 세계 곳곳을 생생하게 설명할 수 있을 만큼 아는 것이 많았지요. 이렇게 칸트의 삶은 단순했지만, 그의 철학은 심오합니다.

했거든요."
"그런데 우표 수집장이 없어졌단 말이니?"
"네, 아무리 찾아도 없어요."
삼촌은 태연하게 말했다.
"당연한 일이지, 뭐."
"네? 당연하다니요?"
노마가 삼촌의 뜻밖의 말에 놀라서 물었다.
"방이 늘 벌집을 헤집어 놓은 것처럼 어지러우니, 당연히 물건을 찾는 것이 어렵지."
"그거야 뭐, 제때에 정리를 못해서……."
"어디 그뿐이니? 한 번 쓴 물건은 제자리에 안 두고 아무 곳에나 두니, 나중에 어떻게 찾을 수 있겠니?"
"……."

삼촌은 따끔하게 노마의 잘못을 꼬집었다. 노마는 얼굴을 붉혔다. 그도 그럴 것이 삼촌의 방은 언제나 깔끔하게 정리되어 있었기 때문이다. 정신 없는 노마의 방과 늘 비교가 됐다.

"하지만 언제나 그렇진 않았어요. 사람이 로봇도 아닌데, 어떻게 항상 정리 정돈을 잘할 수 있겠어요. 삼촌도 가끔 방을 어지럽힐 때가 있잖아요."

삼촌은 허허 웃고 나서 말했다.

"그럼 독일의 철학자 칸트도 로봇이었단 말이니? 내가 알기로는 칸트는 사람이었는데."

"네? 칸트가 로봇이라니요?"

"칸트라는 분은 자기 생활을 무척이나 꼼꼼하고 정확하게 꾸려 간 철학자니까."

"칸트가 얼마만큼 꼼꼼한 분이셨는데요?"

노마는 삼촌의 말에 우표 수집장은 까맣게 잊었는지 자리에 앉으며 물었다.

"음, 어쩌면 컴퓨터보다도 정확했을걸."

"어느 정도였는데요, 삼촌?"

노마는 궁금해 못 참겠다는 듯 삼촌의 팔을 잡고 재촉했다.

칸트는 어떤 사람일까

"응, 한 가지 예를 들면, 칸트는 여름이나 겨울이나 계획표에 따라 매일 아침 정각 5시에 일어났지."

"에이, 겨우 기상 시간 지키는 걸 가지고 뭘 그리 꼼꼼하다고 그러세요? 저도 아침 7시면 일어나는데."

노마는 대수롭지 않다는 듯 가볍게 말했다. 그러자 삼촌이 피식 웃었다.

"하지만 넌 깼다가 다시 자잖니?"

"그럼 칸트는 그렇지 않았나요?"

"물론이지."

"그럼 칸트는 자기가 세운 계획을 엄격하게 지켰나요?"
"당연하지. 우선 칸트는 항상 정확한 시간에 산책을 나갔지. 그래서 지금도 그 길을 칸트의 오솔길이라고 부르지. 또 산책 때 들리는 칸트의 지팡이 소리로 마을 사람들은 시간을 맞출 정도였대."
"시계만큼이나 정확하게 산책을 한 거로군요."
"그렇지. 칸트의 하루 일과를 더 얘기해 줄까? 그는 오전에는 공부와 강의를 했어. 또 오후에는 친구들과 대화를 나누며 식사를 즐기고, 정각 밤 10시에 정확히 잠자리에 들었지."

"와, 정말 대단하군요. 전 계획표를 수없이 만들지만 거의 3분의 1도 실천하지 못했는데……."
노마가 존경 어린 눈빛으로 말했다.
"뿐만 아니라, 칸트는 자신의 하루 일과처럼 주변 환경도 매우 정확하게 정리 정돈 했단다."
노마가 멋쩍게 웃고 나

노마의 궁금증

칸트가 쓴 책

《순수이성비판》은 칸트가 11년 동안이나 고민한 다음 쓴 책입니다. 칸트는 인간 이성에 대한 흄의 의견에 깊은 감명을 받고 그것을 극복하기 위해 오랫동안 고민한 것이지요. 그리고 마침내 《순수이성비판》을 펴내게 됩니다. 칸트는 '과연 사람들이 이 책을 이해할 수 있을까' 도 걱정했는데 정말로 이 책을 처음 읽어 본 칸트의 친구들은 모두 고개를 절레절레 흔들었다고 합니다. 한 친구는 '읽다가 미쳐 버리겠다' 라는 말과 함께 다 읽지도 않고 책을 돌려주었습니다. 그래서 칸트는 이 책에 대한 오해를 바로잡기 위해 요약본과 개정판을 냈고 곧 《순수이성비판》은 가장 위대한 철학 책으로 평가받게 되지요.

칸트의 책 《순수이성비판》의 초판 표지, 1781

서 작은 소리로 말했다.

"저만큼 정확하게요?"

"글쎄, 그럴까? 칸트는 말이야, 그러니까 만일에 자기가 항상 쓰는 가위나 주머니칼 등이 늘 있던 자리에서 조금이라도 빗나가 있거나, 또는 의자가 제자리에 놓여 있지 않을 때는 안절부절 못했단다."

"그런데 삼촌, 그건 너무 사람답지 못한 것 같아요."

"어째서 그렇게 생각하지?"

"저는 너무 자기 생활을 꼼꼼하고 정확하게 챙기는 사람에게는 정이 안 가거든요."

"물론 그런 점도 있겠지."

"제 친구 중에도 너무 계획적인 생활을 하는 애가 있어요. 축구를 하다가도 자기 계획표에 맞추려고 중간에 빠지기도 해요. 그래서 애들이 별로 좋아하지 않아요."

삼촌이 고개를 갸웃했다.

"하지만 그게 꼭 나쁘기만 할까?"

"글쎄요……"

"내 생각에는 칸트가 위대한 철학자가 된 까닭은 바로 그 꼼꼼하고 정확한 생활 자세 때문이었다고 보는데."

"그럼 칸트처럼 꼼꼼하지 못하면 결코 훌륭한 철학자가 될 수 없다는 건가요?"

"반드시 그런 건 아니야. 하지만 보통 사람들은 꼭 해야 할 일이 있으면서도 그럭저럭 시간을 낭비하기 일쑤잖아."

"아! 그러니까, 철저한 계획이 없이는 자신의 할 일에 게을러지기 쉽다는 뜻이군요?"

"그렇지. 철저한 계획과 그 계획을 끝까지 실천하려는 굳은 의지가 중요해."

"하지만 칸트 같은 천재가 굳이 계획표를 만들고 그것을 지켜야만 했을까요?"

"물론이야. 아무리 천재라도 자신의 생활을 잘 다스리지 못해 게을러지면 결코 큰일을 할 수 없는 거야."

"그럼 칸트는 꼼꼼하고 정확한 생활을 함으로써 철학의 발전에 더욱 큰 업적을 남겼다고 할 수 있겠군요."

노마는 칸트가 더욱 존경스러워졌다.

"그렇다고 할 수 있지. 또 칸트는 건강이 무척 안 좋았어. 하지만 철저하게 해로운 음식을 멀리하고 규칙적인 생활로써 건강을 유지했지."

"음……, 만약 칸트가 꼼꼼하고 규칙적인 생활을 하지 않았다면

노마의 궁금증

칸트의 일과

칸트는 5시에 일어나 강의 준비를 하고 7시부터 9시까지 강의를 한 다음, 9시부터 12시 45분까지 원고를 쓰고 오후 1시부터 점심 식사를 합니다. 칸트는 혼자서 밥을 먹지 않는다는 원칙을 지키고 있어서 언제나 점심 시간에 손님들을 초대했습니다. 그리고 오후에 산책을 가는데 이 일과는 매일 거르지 않았습니다. 칸트는 루소의 책 〈에밀〉을 읽다가 너무 재미있어서 딱 한 번 산책을 빼먹은 적이 있는데, 이때 마을 사람들이 시계를 맞추지 못했다는 이야기도 있습니다. 저녁 때는 책을 읽다가 정확히 밤 10시에 잠자리에 들었다고 합니다.

그의 훌륭한 철학도 있을 수 없었겠네요?"
"그렇지. 그랬다면 아마도 일찍 하늘나라로 가서 혼자 연구에 몰두했겠지?"
노마는 엄격하게 생긴 창백한 칸트의 모습을 상상해 봤다.
"그런데 도대체 무슨 연구를 했는데요?"
"우리들의 앎에 대해서 철저하게 연구를 했지. 쉽게 말하자면 우리들의 올바른 앎이 어떻게 생기나 하는 것이었어."
말씀을 마치신 삼촌은 잃어버린 노마의 우표 수집장을 찾기 시작하셨다.

평생 독신의 칸트

"삼촌, 얘기를 하다 보니까 갑자기 재미있는 궁금증이 생겼어요."
노마가 갑자기 손뼉을 치고는 큰 소리로 말했다.
"그게 뭔데?"
"칸트가 그토록 꼼꼼하고 빈틈없는 생활을 했다면, 칸트의 부인은 어땠어요? 칸트보다 더 꼼꼼했어요? 아니면……."
"불행인지 다행인지 모르지만 칸트는 평생을 독신으로 살았단다."
"그럼 결혼을 안 했단 말이에요?"
"그런 셈이지. 칸트에게는 잘 어울리는 두 여인이 있었어. 그 두 여인은 차례로 칸트의 마음을 사로잡았지."
"그런데 어째서 독신으로 살게 됐지요?"

"응, 처음의 여자에게 칸트는 청혼을 하려고 했었지."

"그런데요? 거절당했나요?"

노마가 재미있다는 듯, 눈을 동그랗게 뜨고 물었다.

"청혼을 했으면 거절당하지는 않았을 거야. 그런데 청혼을 하는데 너무 뜸을 들이다가 그만 그 여자는 먼 곳으로 이사를 가 버리고 말았거든."

"어휴, 답답해. 그럼 결혼을 안 한 게 아니라 못 한 거군요."

점심식사를 준비하는 칸트, 프리드리히 하게만의 그림, 1891

노마는 답답하다는 듯 가슴을 쾅쾅 치며 말했다.

"그럼 또 한 여자랑은 어떻게 됐어요?"

"음, 더욱 안타깝게도 칸트보다 먼저 청혼한 남자와 결혼하고 말았어."

"저런! 칸트는 정말 답답한 사람이었군요."

"하지만 칸트가 결혼에 성공했다면 그처럼 훌륭한 철학자가 못 됐을지도 몰라."

"그건 말도 안 돼요. 그럼 독신이었기에 훌륭한 철학자가 되었다는 건가요?"

"그럼. 그래서 칸트는 이런 말을 했어."

칸트와 친구들의 점심 식사, 에밀 되르스틀링의 그림

"어떤 말인데요?"

"독신인 남자들이 결혼한 남자보다 대부분 더 오랫동안 원기 왕성한 모습을 유지한다고 말이야."

"그건 어째서죠?"

"책임져야 할 가족이 없다는 건 그만큼 더 자신의 일에 열심히 몰두할 수 있다는 뜻도 되니까 말이야."

"그렇지 않아요. 가족은 어려울 때 힘이 되고 즐거움과 안락함을 준다고요. 칸트의 말은 아마도 자신이 결혼에 실패하니까 괜히 심통이 나서 한 말일 거예요."

노마는 또박또박 자신의 생각을 말했다.

"글쎄……."

"그럼 만약에 칸트가 결혼을 했더라도 그런 생각을 했을까요?"

"그건 알 수 없지. 그렇지만 결혼을 했다면 결코 자신의 학문에만 정열을 쏟을 수는 없었을 거야."

"그럼 결혼 생활이 철학자의 길을 가로막는다는 뜻이에요?"

"일부러 방해하는 건 아니지만, 전혀 그렇지 않다고는 할 수 없겠지."

"하지만 퀴리 부인이나 슈바이처는 결혼을 함으로써 서로 힘이 되어 더 큰 업적을 인류에 남겼다고 생각해요."

"물론 예외도 있겠지. 하지만 철학은 다른 학문과 달리 생각하는 것이 제일 중요해. 그런데 결혼을 하면 조용히 생각할 시간이 그만큼 줄어들지 않겠니?"

"하지만 제 생각엔 어떤 주위 상황도 위대한 철학자의 사색을 방해하지는 않는다고 봐요. 그러니까 결혼 생활이 철학하는 걸 방해한다는 건 말이 안 돼요."

노마와 삼촌은 한동안 토론을 벌였다. 하지만 쉽게 결론이 나지 않았다.

꼼꼼하고 정확한 성격의 천재 철학자, 하지만 평생을 독신으로 살았던 위대한 철학자는 결혼을 어떻게 생각했을까? 정말 결혼은 철학자의 길에 걸림돌이 될 수밖에 없는 걸까? 아니면…….

칸트 2
경험과 이성의 종합

토요일 오후.

따뜻한 방 안에서 책상 주위에 둥그렇게 둘러앉은 노마와 동민이, 나리는 책을 뒤적이며 무언가 열심히 쓰고 있었다. 아마도 숙제를 하는 모양이었다. 이때, 노마가 고개를 들고 말을 꺼냈다.

"동민아, 정말 이 우주는 신비함으로 가득 찬 것 같아. 그렇지 않니?"

"맞아. 과학 백과를 펼쳐 보면 신기한 사실들이 무궁무진해."

동민이가 사진이 있는 쪽을 보며 말했다.

"어떻게 이 많은 우주의 비밀들이 하나하나 밝혀질 수 있었을까?"

노마가 책상 위에 놓여진 지구본을 바라보며 가만히 중얼거렸다.

"음……, 그건 아마도 코페르니쿠스가 지동설을 알아낸 이후로 사람들이 우주에 대해 관심이 더욱 커졌기 때문일 거야."

"코페르니쿠스가 지동설을 주장한 건 정말 그 당시에는 꽤 큰 충격이었을 거야."

나리가 지구본을 천천히 돌려 보며 감동에 찬 눈빛으로 말했다.

"원래 새로운 진리가 밝혀질 때마다 사람들은 큰 충격을 받곤 하지."

동민이가 제법 아는 체하며 어깨를 으쓱해 보였다.

"충격을 받은 게 당연해. 그 무렵에는 지구가 천체의 중심이고 태양을 비롯한 모든 행성이 지구의 주위를 돈다고 생각했으니까."

노마가 동민이의 말을 이었다.

"그런데……."

노마가 다시 진지한 표정으로 말을 꺼냈다.

"그런데 뭐?"

"모든 사람들이 사실이라고 믿고 있던 천동설이 잘못된 사실이고 지동설이 옳다는 것을 어떻게 알 수 있었을까?"

"그야 경험을 통해서 알았겠지."

나리가 재빨리 노마의 말을 받았다.

"어떻게 지구가 태양 주위를 돈다는 것을 경험으로 알 수 있니?"

노마의 궁금증

코페르니쿠스적 전환

지동설이 나타나기 전까지는 사람들은 우주의 중심은 지구이고, 모든 행성은 지구를 중심으로 돌고 있다는 프톨레마이오스의 천동설이 사실이라고 생각했습니다. 그런데 16세기에 폴란드의 신부, 코페르니쿠스가 지동설을 주장했습니다. 우주의 중심은 태양이며 태양이 지구 주위를 도는 게 아니라 지구가 태양 주위를 돈다고 말한 것이지요. 이는 당시의 생각과 정반대였기 때문에 코페르니쿠스는 자신의 이론을 발표하기를 두려워했습니다. 그후부터 여러 분야에서 기존의 생각에 반대인 주장이 나오면 이를 코페르니쿠스적 전환이라고 합니다. 세계관이나 가치 체계의 획기적인 변화를 의미하지요.

동민이가 이해가 되지 않는 듯 나리를 보며 말했다.

"왜 알 수 없니?"

"생각해 봐. 사람이 지구에서 뚝 떨어져서 지구가 태양 주위를 도는 모습을 눈으로 볼 수도 없는데, 어떻게 경험으로 알 수 있니?"

"어휴! 답답해. 직접 눈으로 봐야 경험이니?"

"그럼?"

"직접 경험하는 것과 유사한 실험이라는 게 있잖니?"

"맞아. 코페르니쿠스를 비롯해서 지동설을 주장한 많은 과학자들이 여러 기구를 갖고 실험하고 그 결과를 종합해서 지동설을 주장한 거라고."

노마가 나리의 말에 덧붙여 설명했다.

"하지만 그 경험보다 더 중요한 것이 있어."

동민이가 나리와 노마를 보며 큰 소리로 말했다.

"그게 뭔데?"

"바로 우리 인간의 생각하는 힘이야. 우리가 이 세계에 대해 알 수 있는 건 바로 생각이 있기 때문이라고."

"그럼 경험이 없어도 생각만으로 모든 걸 알 수 있다는 거니?"

"물론이지. 오직 경험만이 우리 지식의 근원이라면, 태양이 동쪽에서 뜨고 서쪽으로 지는 것만을 봐 왔기 때문에 우리는 천동설을 진리로 믿었을 거야. 하지만 생각의 빛이 있었기 때문에 진정한 진리를 밝혀 낸 거야."

"그렇다면 넌 해가 동쪽에서 뜨고 서쪽으로 지는 것을 어떻게

아니?"

"그야 눈에 보이는 사실이니까 알지."

"그것 봐. 우리의 경험이 쌓여 그 사실을 만든 것이고, 지동설이 나오게 된 것도 틀리건 맞건 경험이 쌓이지 않았다면 어떤 발전도 없었을 거야."

한참 동안 열띤 토론이 계속되었다. 하지만 어떤 결론도 얻지 못한 채 서로의 생각만 옳다고 주장했다. 그 덕분에 과학 숙제는 반도 못한 채 하루를 보내고 말았다. 더 큰 궁금증만 가슴에 남은 노마는 답답하기만 했다.

나리와 동민이가 돌아가고 밤이 되었다. 노마는 혼자 자리에 누워 멍하니 생각에 잠겨 있었다.

'나는 정말 왜 이럴까? 오늘도 숙제는 반도 못 하고, 숙제와 관계없는 궁금증만 머릿속에 가득 찼으니 말이다. 하지만 지식이 어떻게 생기는지도 모르고 무조건 배우기만 하는 것은 우스운 일이 아닐까? 난 정말 궁금하다. 나리는 우리의 지식은 경험이 쌓여서 얻어지는 것이라고 했다. 그리고 동민이는, 경험 이전에 인간의 생각하는 힘이 있기 때문에 아는 것이 가능하다고 했다. 과연 누구의 말이 옳은 것일까? 아! 삼촌도 출장 가고 없으니 누가 나의 궁금증을 시원하게 풀어 줄 수 있을까? 그 마법의 철학책이 있으면 좋으련만……'

노마가 한참 이런 생각을 하며 어두운 창밖을 내다보고 있을 때 어둠 속에서 누군가 창문을 두드리는 소리가 들려 왔다. 노마는 순간 머리카락이 쭈뼛 솟아오르는 것 같았다.
　'혹시 이 밤중에 도둑은 아닐까? 아니지. 도둑이 창문을 노크하고 들어올 리는 없지. 그럼 누굴까?'
　노마는 조심스럽게 창문 곁으로 다가갔다. 그리고 뚫어져라 창밖을 노려보았다. 앗, 그런데 이게 누구인가!
　"나야, 나. 그렇게 놀라지 않아도 돼."
　"아저씨는 탈레스 아저씨 아니세요?"
　노마는 전혀 생각지도 못한 탈레스 아저씨의 모습에 깜짝 놀랐다.

그분은 맨 처음 약수터에서 노마에게 마법의 철학책을 선물했던 바로 그 탈레스 아저씨였던 것이다.

노마는 급히 창문을 열었다.

"아저씨, 도대체 어떻게 된 일이죠? 그 책이……."

노마의 말이 채 끝나기도 전에 탈레스 아저씨는 빨리 나오라는 손짓을 하며 노마를 재촉했다.

"노마야, 너랑 같이 갈 데가 있으니 어서 서둘러 나오너라."

"어디로 갈 건데요?"

"너에게 소개할 독일의 철학자가 있단다."

"그분이 누군데요? 이번에도 소크라테스 아저씨를 만나러 가나요?"

"아니, 독일의 철학자를 만나러 갈 거야."

"철학자 이름이 뭔데요?"

"가 보면 알게 돼. 어서 따라와."

아저씨는 벌써 창문에서 멀어지고 있었다. 노마는 깜깜한 밤이 무서웠지만, 궁금증을 풀고 싶은 생각에 용감히 창문을 뛰어넘어 얼른 탈레스 아저씨의 뒤를 따랐다.

"아저씨! 같이 가요."

잠시 후 탈레스 아저씨가 두 팔을 벌린 채 지팡이를 하늘 높이 처들었다가 내리면서 세 번 땅을 치자 순식간에 모든 것이 변했다.

그곳은 유럽의 어느 주택가였다. 깔끔하게 정돈된 아름다운 집들과 거리의 모습이 햇살 아래 다가왔다. 그때 어디선가 규칙적인 울

림이 들려왔다. 땅에서 나는 듯했다. 노마가 소리 나는 쪽으로 고개를 돌리자, 저쪽에 지팡이를 든 사람의 모습이 나타났다.

"아저씨! 도대체 여기는 어디예요? 또 저 사람은 누구예요?"

노마는 정말로 어리둥절했다.

"저분이 바로 내가 말한 철학자란다. 칸트라고 하지. 매일 오후 어김없이 사색에 잠겨 이 길을 산책한단다."

쾨니히스베르크에 있는 칸트의 집

탈레스의 말을 듣는 동안 칸트와의 거리가 점점 가까워졌다. 노마는 용기를 내어 다가갔다.

"저, 아저씨."

생각에 잠겨 묵묵히 걷고 있던 칸트는 고개를 돌려 노마를 바라보았다. 약간 놀란 듯했다.

"응? 나 말인가?"

"네."

"무슨 일이지?"

"사실은 궁금한 것이 있어요. 아저씨는 제 궁금증을 풀어 주실 수 있다고 들었어요."

"누가 그런 얘길 했지?"

"바로 이 아저……, 엉?"

노마가 고개를 돌렸을 때 탈레스 아저씨의 모습은 이미 보이지 않았다.

"네가 혹시 노마라는 아이냐?"

칸트 아저씨가 자기를 알고 있는 것에 놀란 노마는 대답했다.

"네. 어떻게 저를 아세요?"

"어젯밤 꿈에 진리의 여신께서 네 이야기를 해 주셨다. 바로 너였었구나. 반갑다."

칸트 아저씨는 반갑게 웃으며 악수를 청하셨다.

"하여튼 함께 걸으며 이야기해 보자. 산책은 철학자에게 보약과도 같지."

노마는 오랜만에 겪는 일이라 가슴이 부풀었다.

칸트 아저씨가 왼발과 오른발의 보폭을 규칙적으로 맞추어 앞으로 내딛으며 먼저 말을 꺼냈다.

"그래, 네가 궁금해하는 것이 뭐지?"

노마는 잠시 말문이 막혔다. 너무 오랜만에 시간 여행을 해서인지 아직 얼떨떨했기 때문이었다. 칸트의 걸음걸이에 맞춰 종종걸음을 걷는 것도 은근히 숨이 차는 일이었다. 잠시 숨을 가다듬은 노마는 드디어 질문했다.

"네, 전 지식에 대해 알고 싶어요."

칸트 아저씨는 계속 걸어가며 말씀하셨다.

"지식이라고? 알고 싶은 게 뭔지 더 쉽게 이야기해 주겠니?"

"그러니까…… 우리의 지식이 어떻게 생기는지 알고 싶어요."

"아하, 그래서 너를 내게로 보내셨구나. 그게 바로 내 철학의 첫 번째 주제지."

노마가 얼른 덧붙였다.

"제 친구 나리는, 지식은 우리의 경험이 모여 이루어진대요. 그런데 동민이는 인간의 생각하는 힘, 즉 이성이 있어서 지식을 얻을 수 있다고 주장해요. 도대체 누구의 생각이 옳은 거지요?"

칸트 아저씨는 고개를 저었다.

"나는 어느 한쪽만이 옳다고 보지 않아."

노마는 혼란에 빠졌다.

"그럼 둘 다 틀린 주장인가요?"

칸트 아저씨는 다시 고개를 저었다.

"꼭 그런 건 아니야. 하지만 두 입장 모두 종합해야 할 점이 있어."

"종합을 해야 한다고요?"

그리고 잠시 노마와 칸트는 묵묵히 걷기만 했다. 칸트 아저씨는 어떻게 설명해야 좋을지 신중하게 생각하는 모습이었다. 이윽고 칸트 아저씨는 차분하게 설명을 시작했다.

노마의 궁금증

경험론 VS 이성론

근세 철학은 경험론과 이성론으로 설명될 수 있는데 각각 영국과 유럽 대륙에서 발전했습니다. 경험론을 내세운 철학자들로는 영국의 베이컨, 로크, 흄 등이 있고, 이성론을 내세운 철학자들은 유럽의 데카르트, 스피노자, 라이프니츠 등이 있지요. 이성론자들은 보편적인 확실한 법칙으로부터 진리에 다가갈 수 있다고 주장했으며, 경험론자들은 경험만이 지식을 얻는 믿을 만한 방법이라고 주장했습니다. 칸트는 이 두 철학 사상을 비판하여 종합해서 철학이 한 단계 발전하는 계기를 마련한 것이지요. 또 칸트의 뒤를 이어 독일에서 새로운 철학 사상이 나타났는데 이것이 유명한 관념론입니다.

지식은 경험과 이성의 종합

"그래. 먼저 나리의 생각은 경험론자들의 생각과 같아. 베이컨이나 로크나 흄 같은 영국의 철학자들은 알지?"

"네."

노마는 자신 있게 대답했다.

"그래. 경험론자들은, 지식이 외부 세계의 경험에서 얻어진다고 주장하지. 그와 달리 동민이의 생각은 이성주의라고 할 수 있지."

"이성주의는 데카르트, 스피노자, 라이프니츠 같은 분들의 생각이죠?"

노마는 그동안 삼촌이 얘기해 주었던 여러 철학자들을 떠올렸다.

"그래, 지식은 감각으로 경험한 것에서 오는 것이 아니라, 오직 인간의 정신, 즉 이성의 빛에 의해 얻어진다고 생각하는 입장이지."

노마는 결정적인 질문을 했다.

"그런데 아저씨의 생각은 어떤 것이죠?"

"난 두 입장 중 어느 한쪽도 아니야."

노마는 잘 이해가 되지 않았다.

"그럼요? 아저씨는 지식에 대해 아무 생각도 안 하시나요?"

"그런 게 아니라, 난 경험만을 주장하는 입장과 이성만을 주장하는 입장 모두를 비판하여 둘을 종합하는 입장이야."

노마는 궁금한 것들이 모두 풀릴 때까지 계속 물어볼 작정이었다.

"두 입장을 비판해서 종합하면 어떤 생각이 나오나요?"

칸트 아저씨는 또 잠시 신중하게 생각을 한 다음 대답했다.

"먼저, 경험을 통해서 얻게 되는 것들은 너무 산만하고 복잡해서 그것만으로는 지식이라고 할 수가 없어."

노마는 고개를 끄덕였다.

"그건 그래요. 하루에도 수없이 많은 걸 보고 느끼고 경험하니까요."

노마의 말에 칸트 아저씨도 고개를 끄덕였다.

"내 말은 그렇게 다양한 경험들이 정리되고 통일되지 않으면 올바른 지식은 얻을 수 없다는 거야. 왜냐하면 지식이란 나만이 아닌 모든 사람들이 옳다고 생각해야 될 뿐 아니라, 어느 곳에서나 참이 되어야 하거든."

노마는 자신의 생각이 정리되는 듯한 느낌이었다.

"아, 그러니까 각자의 경험들이 통일되지 않은 채 산만하게 있으면 타당한 지식이 생기지 않는다는 거로군요?"

계속 엄격한 표정이던 칸트 아저씨가 처음으로 미소를 지었다. 노마는 칸트 아저씨의 미소가 보기 좋다고 생각했다.

"그렇지."

노마는 또 의문이 생겼다.

"그럼 경험들을 어떻게 통일하지요?"

"그 역할을 하는 것이 바로 우리의 정신, 즉 이성이지. 그걸 '인식의 능력'이라고도 할 수 있는데, 엄밀하게 보면 거기에 '감성'과 '오성'이 있어."

"그런데 그것들이 어떻게 경험을 통일할 수 있지요?

"우선은 감성이 가진 직관의 '형식'을 경험에 주어서 통일을 이루는 거야."

"그러니까 지식은, 경험에 감성의 힘이 작용해서 생긴다는 뜻이군요."

"맞아. 간단히 말하면 감각을 통해 얻은 경험이 그 '내용'이 되고, 거기에 '형식'을 주어 통일을 이룰 때 지식이 생기는 거야."

노마는 차츰 걸으면서 말하는 것에 익숙해졌다.

"그 '형식'이라는 것이 어떤 것인지 쉽게 설명해 주세요."

"우선 '공간과 시간'이라고 할 수 있지."

칸트 아저씨의 말소리에 맞춰 지팡이가 탁탁 소리를 냈다. 노마는 그 소리가 박자 맞추는 것 같다고 생각했다.

"그런 보이지도 않는 공간과 시간이 어떻게 다양한 경험들 속에 통일성을 부여할 수 있어요?"

"비록 공간과 시간은 눈에 보이지는 않지만 이 세계를 경험하는 것은 시간과 공간이 있기 때문에 가능한 거야."

"그건 알겠지만."

"또 아무리 잡다한 것이라 할지라도 우리가 경험하는 내용은 '어느 때' '어느 곳'이라고 부를 수 있는 관계 속에 있단다. 그래서 시

노마의 궁금증

범주

범주는 우리 머릿속에 이미 갖고 있는 틀로 세상을 바라보고 판단하는 기준이라고 합니다. 범주라는 개념은 여러 철학자들이 내세운 것인데 아리스토텔레스로부터 시작됐습니다. 아리스토텔레스는 그의 책에서 실체·양·질·관계·장소·시간·위치·상태·능동·수동 등 10개의 범주를 설명했지요. 그리고 중세 스콜라 철학에서는 존재·질·양·운동·관계·천성 등 6개의 범주를 이야기했고, 근세의 데카르트와 로크는 실체·상태·관계 등 3개의 범주를 말했습니다. 칸트는 아리스토텔레스의 범주가 경험적인 면에만 치우친 불완전한 것이라고 생각하고 보완하여 12개의 범주로 정리했습니다.

간과 공간은 경험에 일정한 법칙을 주는 형식이라고 할 수 있는 거야."

노마는 이제 좀 알 것 같았다.

"아하, 알았어요. 예를 들어, '어제 나는 실험실에서 소금물을 증발시키는 실험을 하였다'라는 경험도 시간과 공간이 주는 규칙 속에서 가능하다는 거지요?"

"그러나 그것뿐만은 아니란다."

"그럼 또 뭐가 있지요?"

"아까 말했듯이 감성 뒤에는 오성이라고 하는 능력이 있지."

노마는 계속 산 넘어 산을 만나는 기분이었다. 칸트 아저씨를 따라 걷느라 다리도 아팠다. 빨리 산책을 끝내고 칸트 아저씨네 집에 가서 앉아서 이야기를 나누고 싶었다.

"그건 어떤 작용을 하는데요?"

"오성에는 크게 보면 네 가지, 즉 양, 질, 관계, 양상이라는 틀이 있고, 그 각각에 세 가지씩이 있어서 모두 합치면 열두 가지의 틀이 있단다. 그것을 나는 '범주'라고 부르지."

"그 열두 가지 범주가 어떤 건데요?"

"우선 '양'이란 모두냐, 하나냐, 여럿이냐 하는 것이고, '질'이란 그러냐, 아니냐, 무엇만은 아니냐 하는 것이고, 그리고 '관계'란 단적으로 그렇다, 어떻다면 어떻다, 어떻거나 어떻거나다 하는 것이고, '양상'이란 아마 그럴 것이다, 사실 그렇다, 반드시 그렇다 하는 것들이지."

조금 이해할 수 있을 것 같았는데 노마의 머릿속은 또다시 복잡해졌다.

"좀 복잡한데요."

"그럴 수밖에. 경험의 잡다한 내용들이 다 포함되니까. 하지만 모든 것이 이 열두 가지로 정리가 돼서 판단되고 지식이 성립되니까 다행으로 생각해야지."

"그런데 그 범주들이 어떻게 지식을 성립시켜요?"

"잘 물었다. 우리에게 미리 갖추어진 이 범주들이 능동적으로 경험 내용을 정리함으로써 비로소 지식이 성립되는 거란다. 미리 갖추어진 위장이 능동적으로 움직여서 들어온 음식물들을 소화시키는 것과 마찬가지지.

노마의 머릿속은 다시 정리가 됐다.

"아하 그게 바로 경험주의나 이성주의와 다른 점이로군요?"

"그래. 지금까지는 지식은 단지 경험이 모여 이루어진다거나, 아니면 감각을 무시한 이성의 힘만을 강조해 왔어. 그러나 내용 없는 형식은 공허하고, 형식 없는 내용은 맹목이지. 그래서 지식에 대한 나의 생각을 난 '코페르니쿠스적 전환'이라고 표현한단다."

노마는 아는 이름이 나오자 반가웠다. 하지만 칸트 아저씨와 무슨 상관이 있는지 궁금했다.

"그건 무슨 뜻이에요? 지동설을 처음 주장한 과학자와 철학자인 아저씨가 무슨 관계가 있지요?"

"지금까지는 이쪽인 정신보다 저쪽인 대상들이 주도해서 지식이 성립된다는 생각이 대부분이었지."

"그게 무슨 뜻이에요?"

"그건 정신은 가만 있고 수동적으로 외부의 감각들만 받아들인다는 뜻이야."

"그럼 아저씨는 어떤 생각을 하시는데요?"

"그와 반대로, 이쪽인 정신이 움직이고 저쪽인 대상이 수동적으로 받아들여진다는 것이지."

노마는 깨달음의 탄성을 질렀다.

"아! 그러니까 코페르니쿠스가 이쪽인 지구가 능동적으로 움직인다는 획기적인 사실을 알아낸 것만큼, 아저씨의 생각도 똑같은 성격의 획기적인 전환이라는 뜻이군요?"

"맞아. 그렇다고 경험을 무시하는 건 결코 아니야. 난 경험주의도 존중해서 지식의 내용은 밖에서 들어오는 잡다한 경험들과 함께 출발한다고 생각해. 그리고 여기에 이성이 형식과 규칙을 주어 통일을 이루는 거야."

칸트 아저씨가 최종적으로 정리해 주셨다.

"그러니까 다시 말해 지식은 경험과 이성의 협동에 의해 생기는 거로구나……."

노마는 완전히 이해했다는 것을 칸트 아저씨에게 알려 주기 위해서 나름의 정리를 덧붙였다.

칸트 아저씨는 다시 상냥한 미소를 지었다.

"그런 셈이지."

산보를 마치고 돌아오자 칸트 아저씨의 집 앞에 탈레스 아저씨가 빙그레 웃으며 기다리고 있었다. 신기한 것은 아저씨의 모습이 노마의 눈에만 보이는 듯 칸트 아저씨는 전혀 의식하지 못하는 것 같았다.

탈레스 아저씨가 또다시 지팡이로 땅을 세 번 두드리자 순식간에 모든 것이 변하고 노마는 어느새 자기 방에 돌아와 있었다. 노마는 탈레스 아저씨에게 마법의 철학책이 사라진 이야기를 했다. 잘 간수하지 못했다고 꾸중을 들을지도 모르겠다는 걱정 때문에 고개를 들지 못했다. 그런데 탈레스 아저씨는 마치 알고 있었다는 듯 빙그레 웃으며 말씀하셨다.

"그 책은 이미 진리의 여신께 되돌려 드렸단다. 여신님의 분부셨지."

"왜 그러셨어요? 전 아무것도 잘못한 게 없는데……."

노마는 조금 불만스러운 듯이 말했다.

"하하하, 네가 잘못해서가 아니야. 너의 철학 공부가 근세라는 새로운 시대에 도달한 만큼 직접 부딪쳐 보라는 여신님의 배려였단다. 데카르트도 자기 자신과 세계라는 큰 책을 직접 읽어 나가겠다고 했었잖니."

"역시 그랬었군요……. 그때 나리가 말했던 대로야. 하지만 아저씨, 저는 아직도 많은 도움이 필요하다고요."

"아무래도 그런 것 같아서 내가 이렇게 다시 온 거란다. 하지만 그 책은 이미 여신께 되돌려 드렸으니 대신에 이걸 받아라."

그렇게 말씀하시고 탈레스 아저씨는 작은 열쇠를 하나 건네주셨다.

"이게 뭔데요?"

"이것도 역시 철학자의 세계로 통하는 열쇠란다."

"하지만 문이 없잖아요."

"문은 바로 저것이야."

탈레스 아저씨는 손가락으로 열쇠 구멍이 있는 노마의 책상 서랍을 가리키셨다.

"네? 저건 책상 서랍이잖아요."

어리둥절한 노마에게 탈레스 아저씨는 하나하나 설명해 주셨다.

"잘 들어라 노마야. 그 열쇠를 왼쪽으로 돌리면 보통 서랍이 열리지만, '필로소피아!' 주문을 외면서 오른쪽으로 돌리면 그 서랍 속이 어떤 신비한 장소로 변할 것이다. 거기에 있는 자리에 앉아 '알레테이아!'를 외치면 네가 원하는 철학자에게로 갈 수 있게 될 것이다. 돌아올 때에는 '에피스테메!' 알고 있지?"

노마는 얼떨결에 고개를 끄덕였다. 탈레스 아저씨는 마지막으로 당부하셨다.

"하지만 노마야, 이 마법의 열쇠를 가끔씩만 쓰고 가능하면 네가 직접 생각해서 답을 찾아 보는 것이 좋을 것 같구나. 그럼 훌륭한 철학자가 되기를 빈다."

그렇게 말씀하신 탈레스 아저씨는 홀연히 어디론가 사라지고 말았다. 노마는 귀신에 홀린 듯 멍한 기분이었다. 어쩌면 모든 것이 꿈인 것 같기도 했다. 하지만 노마의 손에는 분명히 그 조그맣고 귀여운 열쇠가 쥐어져 있었다.

박사님과 함께

"얘들아, 그건 말이야"

영국에서 경험주의 철학이 무르익어 가는 동안 프랑스, 네덜란드, 독일 등 유럽 대륙 쪽에서는 '이성'을 주인공으로 등장시킨 새로운 철학이 또한 힘찬 발걸음을 계속하고 있었습니다. 데카르트가 그 첫발을 내디뎠고 스피노자와 라이프니츠가 그 뒤를 따랐습니다. 그러다가 백설 공주의 나라 독일에서 칸트라는 큰 인물이 혜성처럼 나타나 경험주의와 이성주의의 좋은 점을 한데 묶으면서 새로운 길을 열었습니다.

데카르트는 자기가 배워 왔던 철학들이 모두 엉터리라는 생각을 갖게 되면서 새로운 '방법'으로 '확실한' 진리를 찾아야겠다고 결심했습니다. 그가 내세운 새로운 방법은 우선, 조금이라도 의심스러운 것이 있다면 더 이상 의심할 수 없을 때까지 철저하게 의심해 보는 '방법적 의심'이라는 것이었습니다. 그래서 그는 가장 확실하다고 하는 우리의 감각이나 수학 같은 것까지도 일부러 의심해 보았습니다. 그렇게 의심하다가 그는 더 이상 의심할 수 없는 한 가지 '분명하고도 확실한' 진리를 발견했습니다. 그것은, 내가 지금 이렇게 의심하고 있다는 바로 그 사실만은 도저히 의심할 수 없다는 것입니다. 그래서 그는 '나는 생각한다 그러므로 나는 존재한다'고 말하고 이것을 '철학의 으뜸 원리'로 삼았습니다.

이렇게 발견한 '나'란 곧 '정신'을 말하는데 정신의 가장 근본적인 성질은 '생각하기'라고 말했습니다. 이어서 그는 '하느님이 실제로 계시다'는 것을 증명해 나갔습니다. 우리는 누구나 '가장 높으신 분' '가장 완전한 분'인 '하느님'이란 '생각'을 가지고 있는데 이런 생각은 어디에서 온 것일까요?

그는 완전한 것이 완전하지 않은 것으로부터 생겨날 수는 없다고 보았기 때문에, 완전하지 못한 인간들이 제멋대로 그런 생각을 만들었다고 할 수는 없고, 결국 완전한 하느님 자신이 우리 정신 속에 그런 생각을 심어 놓은 것이라고 설명했습니다. 그러니까 하느님은 실제로 계시다는 것입니다. 그리고 이 하나님은 '성실한' 분이기 때문에 우리를 속일 리가 없고 잘못된 능력을 줄 리도 없다고 생각했습니다. 그러니까 하느님으로부터 모든 사람들이 가장 공평하게 나누어 받은 '이성'이 잘못을 저지를 리도 없다고 그는 믿었습니다.

그래서 그는 이성이 그렇다고 본 것은 실제로도 그런 것이라고 했으며, 정신 바깥에 물체가 실제로 있다는 것도 이성이 확실하다고 보는 이상 의심할 필요가 없다고 생각하게 되었습니다. 또 물체의 가장 근본적인 성질은 '부피를 갖는다는 것'이라고 지적해 주었습니다.

그는 '하느님'을, 그리고 이 세상에서는 '정신'과 '물체' 두 가지를, 각각 다른 것의 도움을 받지 않고 독립해서 있는 '최고의 것', 즉 '실체'라고 불렀습니다. 이밖에도 데카르트는 진리 탐구를 위한 방법에 관해서 많은 것들을 가르쳐 주었고 수학과 과학의 발전에도 크게 이바지했습니다.

그런데 데카르트를 이은 스피노자

는 데카르트가 '정신'과 '물체' 두 가지를 각각 독립된 '최고의 것'이라고 말한 것과는 조금 다른 생각을 가졌습니다. 그는 '스스로 있는' 최고의 것인 '실체'는 오직 하나뿐이며 그것은 곧 '하느님'이라고 했습니다. 정신과 물체는 모두 하느님에게 속하는 것이기 때문에 '생각하기'와 '부피 갖기'라는 그것들의 성질도 하느님이 모두 가지고 있다고 했습니다. 그래서 그는 '하느님은 곧 자연'이라는 특이한 생각을 갖게 되었던 것입니다. 하느님은 스스로 있는, '만드는 자연'이며, 사물들은 하느님에게서 나오는 '만들어진 자연'이라는 차이가 있을 뿐 이 두 가지는 결국 같은 한 가지 것의 두 가지 다른 모습에 불과하다는 것입니다.

그는 또 우리가 '아는 것'에 세 가지 종류가 있다고 가르쳤습니다. 첫째는 감각이나 말 등을 통해 '느껴서 아는 것'이고, 둘째는 이성이나 관념 등을 통해 '미루어 아는 것'이고, 셋째는 지성이나 직관을 통해 '단박에 아는 것'인데, 첫 번째 것은 틀리기 쉽고 두 번째, 세 번째 것은 반드시 옳다고 했습니다. 그는 두 번째 아는 것인 '이성'이 이끄는 대로 따르며 사는 것이 유익하다고 생각했고, 마침내는 세 번째 아는 것을 통해 '사물을 이해'하고 '하느님에 대한 지적 사랑'을 실천하는 것이 최고의 덕이며 또한 최고의 복이라고 믿었습니다.

뒤이어 나타난 라이프니츠는 '세계가 어떻게 되어 있는 걸까', '최고의 것은 도대체 뭘까'를 생각하면서도 데카르트나 스피노자와는 전혀 다른 대답을 찾아냈습니다. 이 세계는 무수히 많은 다양한 '단자'들이 모여서 이루어진 것이며, 이 단자들이야말로 '최고의 것'이라고 본 것입니다. '단자'란 이 세계의 모든 것을 이루는 기본 단위, 즉 '만물의 요소'인데, '원자'와는 달리 물질적이 아닌 '정신적'인 것이며, 따라서 '부피'를 갖지 않고 모양도 없으며 쪼갤 수도 없는 것이라고 설명했습니다. 말하자면 단자는 사물을 움직이는 '힘'과 같은 것으로 각각 서로 다른 것이며 독립적이어서 서로 아무런 상관도 하지 않는다고 했습니다.

그래서 그는 '단자에는 창문이 없다'라고 말했습니다. 그러면서도 각각의 단자는 제가끔 온 우주를 비추어 볼 수 있는 힘을 자기 안에 갖추고 있다고 했습니다. 그래서 단자는 '우주의 살아 있는 거울'이라는 것입니다. 제가끔 우주를 비춰 볼 수는 있지만 단자들끼리는 서로 상관을 하지 않는다는 말입니다.

그렇다면 모두가 제각각인데도 세상이 잘 돌아가는 것은 어째서일까? 그것은 으뜸 단자인 하느님이 만들어진 단자들 사이의 '조화'를 미리 짜맞추어 두었기 때문이라고 그는 생각했습니다. 각각 독립된 정신과 육체가 일치해서 움직이는 등, 온 세상이 마치 자동 기계처럼 잘 돌아가는 것은 다 '예정된 조화'라는 것입니다. 바로 그렇기 때문에 이 세계는 '최고로 좋은 것'이라고 생각했습니다.

그는 또 한편 생각의 기본 법칙들을 밝힘으로써 논리학에 이바지하기도 했고 진리의 종류에 대해서도 가르쳐 주었으며 수학의 발전에도 큰 공로를 세웠습니다.

라이프니츠 이후 찬란하게 떠오른 칸트는 이성주의뿐만이 아니고 영국에서 발전해 온 경험주의까지도 받아들여 두 가지의 좋은 점을 합쳤습니다. 그는 우리가 '안다고' 하는 것이 어떻게 이루어지는지를 철저하게 연구했습니다. 그는 우선, 안다는 것이 '경험과 함께' 시작된다고 했습니다. 경험을 통해서 알게 된 내용을 받아들여야만 한다는 말이지요. 그렇지만 경험한 내용들은 아직 정리가 되어 있지 않아서 그것만 가지고는 안 것이 아니라고 했습니다. 그는 우리가 제대로 알기 위해서는 우리에게 미리 갖추어진 '아는 힘'들이 경험된 내용들을 정리해야만 한다는 것을 밝혀 냈습니다.

제일 먼저 '감성'이라는 힘이 나서서 언제냐, 어디냐 하는 것을 정리하고, 다음으로 '오성'이라는 힘이 나서서 모두냐, 여럿이냐, 하나냐 하는 '분량'과, 그러냐, 아니냐, 무엇만은 아니냐 하는 '성질'과, 무조건 그러냐, 어떻다면 어떻다냐, 어떻거나 어떻거나냐 하는 '관계'와, 아마 그럴 것이다냐, 사실 그렇다냐, 반드시 그렇다냐 하는 '양상', 이 열두 가지를 정리한다는 것입니다.

이와 같이 '아는 힘'들이 자기에게 미리 갖추어진 그 틀로 정리를 해서 비로소 '무엇이 어떻다'는 것을 알 수 있게 된다는 것입니다. 우리가 '아는' 것은 이런 것들까지지만 그 위에 다시 '이성'이라는 힘이 있어서 '영혼'이나 '세계'나 '하느님' 같은 '이념'들을 생각한다는 것도 지적해 주었습니다.

이밖에도 칸트는 '우리가 어떻게 행동해야 할까' 하는 것도 가르쳐 주었습니다. 그는 '네가 생각하는 것이 그대로 법이 되어도 좋도록 그런 좋은 생각으로 행동하라'라고 했습니다. 그리고 가장 훌륭한 사람이 가장 행복해지는 것이 '가장 좋은 것'인데 그것을 위해서 '영혼이 죽지 않아야 한다'는 것과 '하느님이 계셔야 한다'는 것이 꼭 필요하다고도 했습니다.

칸트의 등장을 계기로 철학의 무대는 독일로 이동하였고 피히테와 셸링과 헤겔 등이 잇따라 등장하면서 이른바 '독일 관념주의' 철학을 만들어 나갔습니다. 그리고 헤겔 이후에는 가지각색의 현대 철학들이 다양한 모습으로 펼쳐지게 됩니다.

어린이 서양철학 2
날아라 칸트

초판 1쇄 2007년 6월 18일
초판 5쇄 2019년 5월 10일
제2판 1쇄 2022년 3월 15일
제2판 4쇄 2025년 8월 15일

지은이 | 어린이철학교육연구소
그린이 | 임정아
펴낸이 | 송영석

펴낸곳 | (株)해냄출판사
등록번호 | 제10-229호
등록일자 | 1988년 5월 11일(설립일자 | 1983년 6월 24일)

04042 서울시 마포구 잔다리로 30 해냄빌딩 5·6층
대표전화 | 326-1600 팩스 | 326-1624
홈페이지 | www.hainaim.com

ⓒ 어린이철학교육연구소·임정아, 2007, 2022

ISBN 979-11-6714-025-8
ISBN 979-11-6714-023-4(세트)

본문에 쓰인 사진 자료와 이미지는 권리자의 허락을 구하여 게재한 것입니다.
파본은 본사나 구입하신 서점에서 교환하여 드립니다.